상담자 전문성개발 영역 2

상담자 윤리

공윤정 저

상 담 학 Best Practice 시리즈

학지사

발간사

"상담학은 상담에 관한 이론 연구뿐만 아니라 그 실천에 대한 연구 또한 중요하다."라는 명제에 대해 대부분의 상담학도들이 동의하리라 생각된다. 현재 우리나라에는 이미 수백 명의 상담학 전문가가 활동하고 있으며 수천 명의 학생들이 전문가가 되기 위한 수련을 하고 있다. 우리 상담전문가들은 청소년, 교육, 복지, 기업, 군대, 법원, 진로개발 등 여러 분야에서 전문적 활동을 하면서 국가와 사회에 공헌하고 있다. 상담의 실제는 이미 다양한 분야와 영역에 걸쳐 발전하고 있는 것이다.

'상담학 Best Practice 시리즈'는 실제 상담현장에서 수고하는 많은 상담전문가들의 실천 경험을 기반으로 하여 기존의 상담학 교재들의 이론 중심 내용에서 벗어나, 보다 실제적이고 상담현장에서 쉽게 적용해 볼 수 있는 사례 중심의 실천적 상담교재라 할 수 있다. 상담학 Best Practice 시리즈는 상담기법 영역, 상담문제 영역, 상담 프로그램 영역, 상담자 전문성개발 영역 등 총 4개 영역으로 구성되었다. 이론보다는 실제 사례를 통해 이론과 기법들이 사례에 어떻게 적용되는지 그 과정과 절차를 자세히 기술하여 상담자들의 실천적 지식을 높이고자 하였으므로, 상담학에 입문한 전공자나 학교 현장의 전문상담교사 그리고 전국의 청소년상담센터 상담전문가들에게 실제적인 도움이 될 수 있을 것이다.

이 시리즈는 한국 상담학계에서 활발히 활동하고 있는 상담학 교수 및 박사들로 구성된 각 영역의 전문가들이 힘을 모아서 집필한 결실이다. 이 시리즈가 출간될 수 있도록 애써 주신 집필진 모두에게 편집위원회를 대표하여 진심으로 고마움을 전한다. 아울러 상담학 Best Practice 시리즈가 출간될 수 있도록 아낌없이 지원해 주신 학지사 김진환 사장님과 최임배 편집부장님을 비롯한 관계자 여러분께도 감사드린다.

2007년

상담학 Best Practice 시리즈 편집위원회 위원장

김계현

머리말

박사학위 과정을 밟으며 미국에서 상담을 공부하던 시기에 상담에 관한 거의 모든 수업시간에 상담자 윤리가 다루어지고, 상담 사례에 관한 논의에서도 사례 운영의 윤리적인 측면이 중요하게 다루어지는 것을 보고 깊은 인상을 받았다. 상담자가 내담자를 어떤 태도로 대할 것이며, 이상적인 상담자란 어떤 상담자인가 하는 질문에 대한 대답이 상담자 윤리에 관한 논의에서 많이 다루어졌던 것으로 기억한다. 돌이켜 생각해 보면, 미국에서 상담자 윤리에 대한 관심은 기본적으로 내담자 복지의 증진이 그 바탕이 되었던 것 같고, 다른 한편으로는 법적 분쟁과 소송이 많은 미국에서 상담자 자신을 보호하기 위한 것과도 관련되었던 것 같다.

이제 우리나라에서도 상담에 대한 관심이 높아져 상담 교육기관이 확대되고, 많은 전문가들이 배출되고, 그 결과 상담이 예전에 비해 광범위하게 이루어지고 있다. 이에 따라 자연스럽게 상담자 윤리에 대한 관심도 높아지고 있다. 우리나라에서는 1980년 한국카운슬러협회에서 공식적으로 '한국카운슬러윤리요강'을 발표한 이후, 2000년대에 들어서면서 다양한 상담관련 학회에서 공식적인 윤리강령을 채택해서 사용해 왔다. 대학원의 상담 관련 프로그램에서도 상담 윤리과목을 필수과목으로 개설하기 시작하였으며, 상담자 자격시험의 한 과목으로도 상담자 윤리가 포함되는 등 윤리의 중요성이 여러 방면에서 반영되고 있다.

그럼에도 불구하고 이 책을 준비하는 과정에서 상담자 윤리 관련 자료를 조사하면서 몇 가지 어려움에 처하게 되었다. 한 가지는 자료의 기록과 기록의 접근에 관한 어려움이다. 다양한 학회에서 윤리강령을 제정해서 사용하고 있지만, 윤리강령의 제정, 수정, 적용에 관한 기록이 제한적으로 이루어져 있어, 그 기록에 접근하려면 학회에 직접 관련된 여러 사람들의 도움을 얻어야 했다. 다른 한 가지는 상담자 윤리의 적용과 연구에 관한 것이다. 여전히 우리나라에서 이루어진 상담 윤리 관련 연구의 수가 많지 않아, 이 책에서 다루어진 여러 쟁점들에 대한 자료를 외국의 사례에 의존해서 써야 하는 경우가 많았다. 우리나라의 상담자 윤리에 대해 기술하면서 외국의 자료에 대부분 의존해야 하는 것이 매우 아쉬웠고, 이 부분은 이 책의 한계로 남게 될 것이다.

이 책은 '전문가로서의 상담자 윤리' '상담 윤리' '특별한 상황에서의 윤리' '윤리적 의사결정 및 위반 다루기'의 4개장으로 구성되었다. '전문가로서의 상담자 윤리' 부분에서는 상담자 윤리에 대한 개요가 다루어졌고, '상담 윤리'에서는 직접적인 상담 장면과 관련된 윤리적 원칙들—상담자의 능력, 내담자의 권리, 비밀보장, 상담 관계, 다문화 상담—이 다루어졌다. '특별한 상황에서의 윤리'는 가족상담, 집단상담 등 상담의 형태에 따라 독특하게 관련된 쟁점들과 상담 수퍼비전, 심리검사, 상담자 교육, 상담 연구, 학교상담 등 상담자가 전문적인 활동을 하는 다양한 상황에서의 윤리적 쟁점들이 검토되었다. 끝으로 '윤리적 의사결정 및 위반 다루기'에서는 상담자의 '윤리적 의사결정을 돕기 위한 과정들이 소개되었다.

이 책이 완성되기까지 많은 분들의 도움을 받았다. 먼저 상담학 Best Practice 시리즈를 기획하고 준비해 주신 편집위원회 여러분과 학지사 관계자 분들께 감사의 마음을 전한다. 우리나라 상담자 윤리 관련 자료와 기록을 구하는 과정에서 여러 학회의 관계자 분들에게도 많은 도움을 받았다. 갑작스러운 연락에도 친절하게 필요한 자료들을 보내 준 학회 관계자 분들에게 진심으로 감사드린다. 끝으로 이 책을 쓰는 동안 늘 곁에서 정서적으로 지지해 주고, 매끄럽지 않은 글을 읽고 피드백을 주어 부족하나마 글을 완성할 수 있게 도와준 남편에게도 고마움을 전한다.

2008년

공윤정

차 례

1 전문가로서 상담자의 윤리

1. 전문가 윤리란 무엇인가

전문가로서의 상담자는 상담에 대한 교육과 훈련을 받아서 상담을 하거나, 미래의 상담자를 교육하고 훈련시키거나, 이러한 내용들을 연구하는 사람을 말한다. 전문가로서 상담자의 윤리는 상담자의 전문성으로 혜택을 받는 대상자들을 보호하고, 상담자들에게 윤리적 판단이 필요한 상황에서 전문적 행동의 기준을 제공하기 위한 것이다.

'전문가 윤리'는 그 내용에서 해당 전문 영역에 대한 법과 유사하지만, 분명한 차이점을 갖는다. 전문가 윤리는 해당 전문가 집단 내에서 그 집단에 속한 구성원들이 따르도록 정해 놓은 윤리적 원칙과 규칙들인 데 반해, 법은 특정한 행동을 법문으로 규정해 놓아서 이를 따르지 않은 경우 민 · 형사상의 제재를 받도록 한 것이다. 전문가 윤리를 따르지 않았을 때는 해당 전문가 학회의 윤리위원회로부터 징계를 받지만 반드시 사법적인 처벌을 받는 것은 아니다.

일반적으로 전문가 윤리는 법에서 요구되는 것보다 더 높은 기준을 해당 전문가들에게 요구한다. 우리나라에는 아직 상담 서비스와 관련된 법적 기준이 마련되어 있지 않다. 상담자의 비전문적 상담 행위에 대한 법적 기초가 마련되어 있는 미국의 경우를 보면, 대체로 위법적 행동과 비윤리적 행동이 중복되는 경우가 많으며 위법적 행동이 비윤리적 행동의 범주에 포함된다고 볼 수 있다. 즉, 비윤리적 행동 중에는 법으로 규정되어 있어 법적 처벌을 받는 행동도 있고, 법적 처벌을 받지는 않지만 전문가 집단 내에서 징계를 받는 경우도 있다.

상담자는 상담 활동을 하는 과정에서 누구나 자신의 행동이 전문가로서 적절한 행동인지에 대해 갈등이 생기는 상황에 맞닥뜨리게 된다. 다음은 실제로 상담자로서 활동하는 중에 일어날 수 있는 상황들이다.

상황 1. 중학교에서 교내 폭력의 가해 학생을 상담한 후, 그 학생이 가해자인지의 여부를 궁금해 하는 학생주임에게 그 사실을 알려 주었다.

상황 2. 부부 치료의 훈련을 주로 받아 온 가족상담전문가가 아동을 대상으로 개인상담을 실시하였다.

위와 같은 행동이 전문가로서 윤리적으로 타당한 것인지 아닌지에 대한 판단은 개인에 따라서 다를 수 있다. 그러나 상담

과정에서 윤리적 판단이 필요한 수많은 상황에 대해, 상담자 개개인의 판단 기준이 다르고 이에 따른 실천적 행동이 달라진다면, 이는 상담자 집단의 전문성을 유지하는 데 장애가 될 것이다. 특히 상담자의 상담 활동이 내담자의 삶에 직접적인 영향을 미친다는 점을 고려할 때, 상담자들에게 윤리적 기준이 제공되어야 할 것이다.

상담자 윤리의 핵심은 상담자가 상담 서비스를 제공하기에 충분한 능력이 있는가, 즉 내담자의 어려움을 감소시키기 위한 태도와 기술을 상담자가 가지고 있는가 하는 점이다. Welfel (2006)은 상담자 윤리가 다음의 네 가지 측면을 포함한다고 보았다.

- 상담자는 효과적인 개입방법을 사용할 수 있는 지식, 기술, 판단력을 가지고 있는가?
- 상담자는 인간의 존엄성과 내담자의 자유를 존중하는가?
- 상담자는 상담자 역할에 내재된 힘을 책임감 있게 사용하는가?
- 상담자는 상담전문직에 대한 대중의 신뢰를 증진시키는 쪽으로 행동하는가?

그러나 위와 같은 포괄적인 기준만으로는 상담자들이 실제 상담에서, 구체적인 윤리적 판단이 필요한 상황에 일일이 적용하기는 어렵다. 이 책은 상담자들에게 전문가로서의 상담자 윤리에 대하여 이론적 기초를 제공하고 실제 상담에 적용할 수 있는 지침들을 제시하고자 하는 목적에서 쓰였다.

2. 상담전문가의 윤리를 규정짓는 방법들

전문가 윤리를 규정짓는 방법은 크게 원칙 윤리(principle ethics)와 덕 윤리(virtue ethics)의 두 가지로 나눌 수 있다.

원칙 윤리는 전문가들이 경험하게 되는 거의 모든 상황에 대해 구체적인 윤리 기준과 규칙을 제공하고, 전문가가 이에 따라 행동하게 할 의도로 만들어진다. 따라서 상담자에게 원칙 윤리는 상담자의 전문적 활동인 상담, 연구, 교육, 수퍼비전, 컨설팅 등의 모든 영역에서 상담자가 잠정적으로 경험하게 되는 윤리적 상황을 가정하고, 그 상황에 맞는 모든 기준들을 제공하려고 한다. 원칙 윤리는 주어진 전문가 집단에서 교육하기가 쉬우며, 한 개인의 행동이 윤리적 기준에 위배되는지 그렇지 않은지에 대한 명확한 기준을 제시한다는 점에서 실용적이다.

그러나 원칙 윤리는 주로 원칙의 바탕이 되는 가치들이 서구 중심, 과학적 사고 중심, 개인주의적, 남성 중심의 세계관에 바탕을 두고 있다는 점에서 비판을 받아 왔다. 또한 전문가가 실제 업무에서 경험하는 모든 상황에 대한 기준을 제시할 수는 없다는 점에서도 그 한계가 지적되어 왔다.

이러한 비판에 따라 원칙 윤리에 대한 대안으로 제안되는 것이 전문가 개인의 덕을 중심으로 기술하는 덕 윤리다. 원칙 윤리가 '무엇을 해야 하는가?'에 대한 답을 제시한다면, 덕 윤리는 '어떤 사람이 되어야 하는가?'에 대한 답을 제시한다(Kleist & White, 1997). 따라서 원칙 윤리가 상담자의 의무를 기술하는 데 반해, 덕 윤리는 상담자의 이상적인 특성을 기술한다(Meara, Schmidt, & Day, 1996). 덕 윤리에서는 이상적인 상담자가 갖추어야 하는 특성들을 제시함으로써, 상담자 개인이 이러한 특성을 가지려고 노력하고 이상적인 모습에 가까워질 때 보다 윤리적인 상담자로 기능할 수 있다고 여긴다. 이상적인 상담자는 옳은 것을 하려는 동기가 높고, 비전과 통찰력을 가지며, 정당한 행동을 판단하거나 평가할 때 정서의 역할을 이해하고, 자기 이해의 수준이 높고, 자신이 속한 지역사회와 연결되어 있고 더 이해하려는 욕구가 있다고 볼 수 있다.

이상적인 상담자의 덕을 기술한 대표적인 글로는 Meara, Schmidt 및 Day(1996)의 논문을 들 수 있는데, 여기에서 저자들은 이상적인 상담자의 윤리적 특성으로 분별력(Prudence), 존중(Respectfulness), 명민함(Discernment), 자비(Benevolence), 성실성(Integrity)의 다섯 가지를 들고 다음과 같이 설명하였다.

분별력은 상담자 자신에 관한 특성으로 상담자가 좋은 것을 하려고 하는 동기를 강조한다. 분별력 있는 상담자는 장기적 목표를 강조하고, 불확실한 상황에서도 판단력이 좋으며, 근시안적인 선택을 극복할 수 있다. 존중은 타인이 배려와 특별한 관심을 받을 만한 사람이라고 여기고 이에 따라 행동하는 것인데, 현재와 같이 다문화 사회에서 특히 중요하게 고려되어야 하는 특성이다.

자비로운 상담자는 좋은 일을 하려고 하는 특성을 가진 사람이다. 그런데 그가 자비를 베풀 때는 상대방을 존중하는 일과 조화를 이루어야 거만하게 보이지 않는다고 하였다. 명민한 상담자는 어떤 과제가 현재 중요한지 알고, 그 문제에 대해 무엇을 해야 할지 알며, 가장 중요한 것이 무엇인지 아는 사람이다. 이런 면에서 명민한 상담자는 분별력 있는 상담자와 비슷한 특성을 가진다. 성실한 상담자는 도덕적 규범들을 지키려고 하고 잘못된 행동을 하지 않을 뿐만 아니라, 잘못된 이유로 어떤 행동을 하지 않는 사람이다.

덕 윤리는 이상적인 상담자의 특성을 기술한다는 면에서 그 의의가 있지만, 덕 윤리에서 제시하는 개별적인 덕이 충분히 구체적이지 않으며, 여러 덕의 항목들이 서로 배타적이지 않다는 점이 문제로 지적되어 왔다. 또한 이상적인 상담자의 덕으로 여겨지는 항목들에 대하여 한 개인이 그 특성을 갖고 있는지 그렇지 않은지에 대한 평가 기준이 분명하지 않다는 점도 이 이론이 보다 보편적으로 적용되는 데 제한점이 된다.

3. 상담자 윤리강령

상담과 관련된 다양한 학회에서는 윤리적 행동의 기준을 제공하는 윤리강령을 제정하고 상담자 개인이 이를 따르도록 격려해 왔다. 원칙 윤리가 갖는 한계에도 불구하고, 원칙 윤리는 구체적인 상황에서 전문가들이 따라야 할 윤리적 행동들을 기술해 준다는 면에서 실용적인 가치를 지니고 있다. '무엇을 해야 하는가?'에 대한 기준들은 전문가 집단이 윤리적 갈등 상황을 알아차리도록 돕고 갈등 해결에 대한 지침을 제시해 줄 수 있다. 이러한 이점으로 인해 여러 상담전문가 집단의 윤리강령은 원칙 윤리에 따라 제정되었다(예: 한국상담심리학회, 2005a; 한국상담학회, 2002; American Counseling Association(ACA), 2005; American Psychological Association(APA), 2002). 우리나라에서는 1980년 한국카운슬러협회에서 공식적으로 '한국카운슬러 윤리요강'을 발표한 이후(이상로, 1992), 한국집단상담학회(1989), 한국상담학회(2002), 아동청소년상담학회(2003), 한국학교상담학회(2004), 한국상담심리학회(2005a), 가족상담학회(2007) 등에서 계속해서 학회의 윤리강령을 제정하여 사용해 오고 있다.

미국심리학회의 상담자 윤리강령(APA, 2002)은 상담자 윤리의 기본이 되는 철학적 이념으로 다섯 가지를 제안하고 있는데, 이는 한국상담심리학회(2005a)의 윤리강령에도 반영되어 있다. 다섯 가지 이념은 다음과 같다.

첫째, 복지의 증진과 무해성의 원칙(Beneficence and Nonmaleficence)이다. 이는 상담자가 내담자에게 도움을 주려고 노력해야 하며, 해를 끼쳐서는 안 된다는 것이다. 상담자는 상담자의 연구, 교육, 상담이 특정 집단에 해가 될 수 있는지에 대해 항상 경계해야 하며, 특히 상담자 자신의 정신적, 신체적 건강에 돕는 능력에 미치는 영향에 민감해야 한다.

둘째, 신의와 책임의 원칙(Fidelity and Responsibility)이다. 이는 상담자가 내담자와 신뢰 관계를 형성하고, 자신의 일에서 책임을 다한다는 것이다. 상담자는 전문적 행동 기준을 따르고 자신의 일에서 의무를 다하며, 책임을 받아들여야 한다.

셋째, 성실성의 원칙(Integrity)이다. 이는 상담자가 상담 관련 교육, 연구, 상담의 실제에서 정확하고 정직하며 믿을 수 있게 행동할 것을 요구한다. 예를 들어, 상담자는 과학적으로 입증된 범위 내에서 상담 실제를 진행해야 하며, 만약 자신의 상담기법에 대한 과학적 증거가 충분하지 않다면 이를 내담자에게 미리 알릴 필요가 있다.

넷째, 공정성의 원칙(Justice)이다. 이는 상담에 대한 접근과 상담 서비스의 혜택이 다양한 배경의 사람들에게 공정하게 제공되도록 노력해야 한다는 것이다. 상담자는 서비스가 주어지는 과정이나 서비스의 질에서 특정 집단에 편파적으로 좋거나 나쁜 서비스가 주어지지 않도록 주의해야 한다.

다섯째, 인간의 권리와 존엄에 대한 존중(Respect for people's rights and dignity)이다. 상담자는 모든 인간의 존엄과 가치를 존중하고, 개인의 사생활, 비밀보장, 스스로 자신의 일을 결정할 수 있는 주도권을 존중해야 한다.

상담자의 행동에 대한 다섯 가지 철학적 바탕은 이후에 자세하게 기술될 상담자 윤리의 구체적인 행동 기준들이 제안되는 바탕이 된다. 전문가 집단의 윤리강령은 윤리 기준이 존재한다는 것 자체로도 의미가 있기는 하지만, 윤리 기준의 존재만으로는 구성원들이 그 기준들을 지키도록 하는 데 아무런 구속력을 갖지 못한다. 따라서 그 집단의 구성원들이 윤리 기준을 지킬 것을 어느 정도 강제하는 지원 체제나 후속 조처들이 필수적으로 따라야 한다.

이와 관련해서 Jacob과 Hartshorne(2007)은 학회 차원에서 주어지는 후속 조처나 지원 체제를 강조하면서 몇 가지 가능한 예를 들었다. 학회는 학회에서 인준하는 대학원 프로그램에서 윤리 교과를 가르치도록 규정하거나, 윤리규정에 관한 전문 서적과 팸플릿, 관련 교육 자료를 발간하거나, 윤리와 관련한 전문 심포지엄을 지원할 수 있다. 또한 학회 산하에 윤리위원회를 두어 전문가 윤리를 위반한 구성원에게 징계를 내리는 활동 등을 통해 전문가 집단이 윤리규정을 지키도록 압력을 가할 수 있다.

4. 상담자 윤리에서 가치의 문제

상담자는 자신의 가치에 대해 알고 자신의 가치가 상담의 과정과 방향에 미치는 영향에 대해 민감해야 할 필요가 있다. 이는 상담자가 자신의 가치를 내담자에게 강요하는 것이 비윤리적이라는 인식에 따른 것이다. 상담에서 다루어지는 많은 문제들은 개인의 가치에 따라 다르게 결정될 수 있는 문제들이다. 이와 같은 상담 과정에서 상담자가 자신이 옳다고 생각하는 방향으로 내담자가 결정하도록 유도하는 것은 인간의 권리와 존엄에 대한 존중의 원칙에 어긋난다. Cottone과 Tarvydas(2007)는 상담에서 주로 다루는 주제 중 개인의 가치와 깊이 관련된 주제들로 낙태, 성정체성, 약물남용, 특이한 종교적 신념, 피임, 안락사, 혼전 임신, 성형 수술, 배우자 학대, 아동학대, 거짓말, 아동 훈육 방법, 자살 등을 들었다. 개인의 가치에 따라 의사결정과 그 후속 행동이 달라질 수 있는 이러한 주제들에 대해서는 상담자 개개인의 가치뿐만 아니라 상담자 집단이 공통으로 소유하며 바람직하다고 여기는 가치들도 상담의 진행에 영향을 줄 수 있다. 상담자들의 가치에 관한 연구(Jensen & Bergin, 1988)에 따르면, 상담자들이 비교적 공통으로 가지고 있는 상담과 관련한 가치들로는 개개인의 자율성과 독립성, 대인관계에서 의사소통의 기술, 정직함, 자기 통제 등이 있었다. 이러한 상담자들의 가치는 특정 주제를 다룰 때 특히 명백하게 드러나지만 사실은 상담에서 사용되는 모든 상담의 이론적 접근이나 기법에도 스며들어 있다.

최근 다문화 상담에 대한 관심이 높아지면서, 상담의 이론이나 기법이 가치중립적이 아니며 상담 이론이 만들어진 시대와 사회의 가치가 반영되어 있다는 사실이 상담자들의 관심을 끌기 시작하였다. 다문화 사회에서 상담전문가의 윤리적인 행동이란 한 사회에는 하나의 문화적 전통만이 있는 것이 아니라 다양한 문화적 전통이 있으며, 모든 문화적 전통이 그 사회에서 동일한 힘을 갖는 것은 아니라는 점을 상담자가 인식하는 데에서 출발한다(Welfel, 2006). 이에 따르면, 상담자가 가지고 있는 가치들도 어느 한 문화권의 가치를 반영하고, 이러한 가치가 내담자의 가치와 다를 가능성도 많다는 점이 상담 실제에서 쟁점이 된다. 상담자가 자신과 내담자의 가치나 세계관의 차이를 인식하지 못하고 상담의 이론을 무조건적으로 적용할 때, 이는 상담 윤리의 기본 철학인 공정성의 원칙이나 인간의 권리와 존엄성에 대한 존중에서 벗어나는 것이다. 윤리적 상담자에게는 자신의 가치, 자신의 가치가 대변하는 문화, 자신과 내담자의 문화의 차이 및 이에 따른 가치의 차이에 대해 민감할 것이 요구된다.

상담 실제에서 자신과 내담자가 가지는 가치의 차이와 세계관의 차이를 인식할 때, 이러한 차이를 상담에서 어떻게 다룰 것인가 하는 점이 윤리적 쟁점이 된다. Cottone과 Tarvydas (2007)는 상담자가 내담자에게 본인의 가치에 대해 솔직하게 이야기하고 상담을 진행하는 것도 상담자-내담자 간 가치의 차이를 다루는 방법 중 하나라고 제안하였다. 이 문제는 제2장 상담 윤리 중 다문화 상담 부분에서 좀 더 자세히 다룰 것이다.

요약하자면, 전문가 윤리는 한 사회의 특정한 전문가 집단에서 그 집단의 구성원들이 따르도록 하기 위해 제정되는 것이며, 구성원들이 윤리적 기준을 따름으로써 집단의 전문성이 강화되고 사회의 구성원으로부터 그 집단의 전문성에 대한 인지도도 높아지게 된다. 이에 따라 상담전문가 집단에서도 다양한 학회에서 윤리강령을 만들어 발표하였고(한국상담심리학회, 2005a; 한국상담학회, 2002; ACA, 2005; APA, 2002) 구성원들이 이를 따르도록 격려하고 있다. 윤리강령은 법적 기준이 아니므로 상담자가 이를 따르지 않았을 때 사법적 조치를 받지는 않지만, 전문가 집단에서는 심한 경우에 자격증 박탈 등을 포함한 전문가 활동에 대한 징계를 받게 된다. 이를 경계하기 위한 상담자 윤리의 구체적인 지침들은 제2장의 상담 윤리와 제3장의 특별한 상황에서의 윤리 부분에서 다루기로 한다.

5. 윤리적 갈등 및 의사결정

상담자 윤리에 대해 교육을 받음으로써 상담자는 전문적 활동에 관련되는 윤리적 쟁점들을 인식할 수 있고, 윤리강령을 이용해 이런 쟁점들에 대한 문제를 해결할 수 있다. 그런데 실제 상담자들이 겪게 되는 윤리적 갈등에는 한 가지의 윤리 기준이 관련되는 경우도 있지만 다양한 윤리적 가치들이 관련되어 이런 기준들이 충돌하여 문제가 되는 일이 많다. 예를 들어, 하나의 상황에서 내담자의 자율성에 대한 존중과 내담자 복지의 증진, 혹은 무해성의 원칙이 관련되어 있을 때를 생각해 보자. 이때 의사결정은 상담자 윤리강령에서 제안한 가치가 무엇인지를 알고 그를 따르는 것이 아니라, 주어진 상황에서 더 중요한 가치를 찾아 우선 고려해야 하는 가치의 순서를 정하는 방식으로 이루어질 것이다. 이런 경우 윤리규정의 어떤 가치들은 희생되는 상황이 불가피하게 발생한다. 윤리적 갈등 상황에서 상담자의 목표는 내담자에게 이상적으로 개입하는 것이 아니라 실제적으로 최선의 개입을 하는 것이다.

상담자 윤리강령은 이상적인 기준들을 제시하므로, 이런 상황에서 상담자가 어떻게 행동해야 하는지에 대한 실제적인 지침을 제공하지 못하는 경우도 많이 생긴다. 상담자는 윤리강령을 우선 익히고 여러 기준들에 익숙해진 후, 실제 상황에서 이를 어떻게 적용할 수 있을지에 대해서도 생각해 보고 다양한 사례를 통해 연습해 보는 과정이 필요하다. 상담전문가로서 윤리강령을 지키는 문제에 대하여 Welfel(2006)은 한 가지 사소한 위반을 하면 그 다음 위반을 하기가 점점 쉬워지므로, 처음부터 약간은 엄격하다고 느낄 정도로 윤리규정을 지키려고 노력하는 것이 좋다고 제안하였다. 사소한 위반이지만 상담자가 위반에 익숙해지면, 윤리적 의사결정의 가장 기초인 윤리적 쟁점에 대한 민감성이 떨어지고, 이러한 민감성의 감소는 더 큰 위반에 대해 상담자가 둔감해지도록 만들 것이다. 상담자가 실제 상황에서 윤리적 쟁점들에 대해 민감하게 알아차리고, 윤리적 의사결정을 내리는 과정에 대해서는 제4장을 참조하기 바란다.

2 상담 윤리

1. 상담자의 능력

상담자의 능력(competence)이란 상담자가 자신이 하는 전문적인 일에서 기대되는 역할을 수행할 수 있는 능력을 말한다. 이는 상담 윤리의 바탕이 되는 원칙 중 내담자 복지의 증진 및 무해성의 원칙과 직접적으로 관련된다. 상담자가 전문적인 상담, 연구, 훈련을 하지 못하고, 능력이 떨어지는 상담자가 상담을 진행하고 상담자를 교육할 때 이는 내담자의 피해와 직접 관련될 것이다. 상담자의 능력에 관한 학회 규정은 〈표 2-1〉과 같다.

학회의 관련 윤리규정에서는 상담자가 자신이 교육과 훈련을 받은 영역에서만 상담을 진행해야 하며, 지속적으로 자신의 능력을 점검하고, 효율적인 상담의 진행을 위해 새로운 상담 이론 및 기법을 꾸준히 배워야 함을 명시하고 있다. 이 장에서는 상담자 능력을 구성하는 요소들, 상담자가 자신의 능력에 한계를 느끼는 상황들, 상담자가 일정 정도의 능력을 갖도

〈표 2-1〉 상담자의 능력에 관한 학회 규정

한국상담학회(2002)
2. 전문적 태도 (1) 상담자는 상담에 대한 이론적 지식, 전문적 실습, 교수, 상담 활동, 연구를 향상시키기 위한 지속적인 노력을 통해 전문성을 발달시키도록 해야 한다. (2) 상담자는 상담수혜자를 보다 효과적으로 도울 수 있는 방법에 관하여 꾸준히 노력하고, 상담수혜자의 성장 촉진과 문제의 해결 및 예방을 위하여 최선을 다한다. (3) 상담자는 자기의 능력 및 기법의 한계를 인식하고, 전문적 기준에 위배되는 활동을 하지 않는다. 만일, 자신의 개인 문제 및 능력의 한계 때문에 도움을 주지 못하리라고 판단될 경우에는 다른 동료 전문가 및 관련 기관에 의뢰한다.
한국상담심리학회(2005a)
1. 전문가로서의 태도 가. 전문적 능력 (1) 상담심리사는 자기 자신의 교육과 수련, 경험 등에 의해 준비된 범위 안에서 전문적인 서비스와 교육을 제공한다. 상담심리사는 자신의 능력의 한계를 인정하고 교육이나 훈련, 경험을 통해 자격이 주어진 상담 활동만을 한다. (2) 상담심리사는 자신이 가진 능력 이상의 것을 주장하거나 암시해서는 안 되며, 타인에 의해 능력이나 자격이 오도되었을 때에는 수정해야 할 의무가 있다. (3) 상담심리사는 자신의 활동분야에 있어서 최신의 과학적이고 전문적인 정보와 지식을 유지하기 위해 지속적인 교육과 연수의 필요성을 인식하고 참여한다. (4) 상담심리사는 정기적으로 전문인으로서의 능력과 효율성에 대한 자기 반성이나 평가가 있어야 하며, 필요한 경우 자신의 효율성을 증진시키기 위해 지도감독을 받을 책무가 있다. (5) 상담심리사는 윤리강령과 시행세칙을 준수할 책임이 있다. (6) 상담기관에 상담심리사를 고용할 때는 전문적인 능력을 갖춘 이를 선발해야 한다.

록 하기 위한 교육과정 및 능력의 유지, 상담자 능력의 평가와 관련된 쟁점들을 다루기로 한다.

1) 상담자의 능력을 구성하는 요소들

상담자의 능력을 구성하는 요소는 크게 지식(knowledge), 기술(skill), 근면성(diligence)의 세 가지로 구분할 수 있다(Welfel, 2006). 지식을 가지고 있다는 것은 상담자가 상담을 진행하는 데 필요한 상담의 이론과 연구 결과들을 알고 있고, 상담을 진행할 때 적절한 지식과 개입방법들 중에서 상황에 맞는 최선의 개입방법을 선택할 수 있으며, 자신의 전문 영역에서의 최신의 연구 결과들을 알고 있는 것을 뜻한다. 따라서 지식 영역에서 능력을 유지하기 위해서는 적절한 학교 교육을 통해 훈련을 받아야 할 뿐만 아니라, 학위를 받은 이후에도 전문 영역에서 최신의 지식을 계속해서 배워 나갈 필요가 있다.

상담자의 기술은 상담자가 인터뷰 기술과 치료적 기법을 실제 내담자에게 성공적으로 사용하는 것을 뜻한다. 인터뷰 기술은 상담자가 주의집중, 경청, 공감, 반영 등의 촉진적 기술을 사용하여 효과적인 관계를 맺는 것을 비롯해 내담자의 문제를 탐색하고 내담자를 이해하는 것, 내담자와 효과적으로 의사소통을 하는 것을 포함한다. 상담자의 치료적 기술은 내담자의 문제에 적절한 상담기법을 이용해 효과적으로 내담자의 변화를 돕는 것을 말한다. 상담에서 내담자가 드러내는 문제가 매우 다양하다는 것을 생각하면, 상담자가 다양한 배경을 가진 모든 내담자의 문제에 대해 유능해지는 것은 현실적으로 불가능하다. 따라서 상담자는 자신의 상담 능력의 한계를 인식하고 자신의 능력을 발휘할 수 있는 범위에서만 상담을 하는 것으로 활동을 제한해야 한다.

근면성은 주의를 기울일 필요가 있는 내담자의 욕구에 대해 민감성을 지속적으로 유지하는 것이다. 근면한 상담자는 내담자의 문제에 대한 평가와 이에 따른 적절한 개입에 주의를 기울이며 이를 상담이 종결될 때까지 지속한다(Welfel, 2006). Welfel은 근면성이란 상담자가 내담자를 돕기 위해 최선의 노력을 할 준비가 되어 있음을 뜻하며, 근면한 상담자는 자신이 내담자를 돕기 위한 능력이 충분하지 않을 때 내담자를 다른 적절한 전문가에게 의뢰할 수 있다고 하였다. 상담자가 자신이 유능하게 작업할 수 있는 내담자와만 작업하고 적절할 때 다른 기관에 의뢰하는 것은 상담자의 자기 이해—특히 자신의 장점과 단점에 대한—가 바탕이 될 때 가능해진다.

한편, 상담자의 능력은 지적 능력(intellectual competence)과 정서적 능력(emotional competence)으로도 구분될 수 있는데, Pope와 Vasquez(2007)는 이 두 가지 상담자의 능력에 대해 다음과 같이 설명하였다. 지적 능력은 상담자가 상담을 하는 데 필요한 경험적 연구, 이론, 개입방법, 다른 관련된 주제에 관해 아는 것이다. 구체적으로, 특정한 문제에 대해 어떤 임상적 접근이 효과가 있다고 밝혀져 있는지, 어떤 접근이나 기법이 내담자에게 해를 준다고 밝혀졌는지, 우리가 지식을 갖고 있는 문제 영역과 대상 집단은 무엇이고 우리가 아직 지식을 갖고 있지 않는 문제와 대상은 무엇인지에 대해 아는 것이다. 또한 지적 능력은 특정한 상담 과제를 어떻게 상담 실제에서 수행하는지를 아는 것도 포함한다.

이에 반해 정서적 능력은 상담자의 자기 지식(self-knowledge), 자기 수용(self-acceptance), 자기 관찰(self-monitoring)을 포함한다. 상담자는 상담 과정에서 정서적으로 강한 반응을 경험하게 되는데, 상담자가 정서적 스트레스와 어려움에 대한 자신의 반응을 잘 모르고 이에 대해 대처할 준비가 되어 있지 않으면, 상담자의 개입이 아무리 잘 의도된 것이라 하더라도 내담자에게 해를 줄 수 있다는 것이다. 상담자가 어려운 사례에서 최선의 상담 효과를 기대하기 위해서는 상담자의 정서적 능력이 뒷받침되어야 한다고 여겨진다. Pope와 Vasquez(2007)는 상담자가 스스로에게 '현재 일의 요구나 다른 요소들을 고려해 볼 때 내가 정서적 능력을 회복하기 위해 상담이 필요한 것은 아닌지?'라는 질문을 끊임없이 던지고 이에 대해 대처해 나가는 과정을 통해 정서적 능력이 유지될 수 있다고 보았다.

이와 같이 상담자의 능력에 관한 윤리적 기준은 상담자가 자신이 유능하게 상담 서비스를 제공할 수 있는 범위 내에서만 상담할 것을 제시하지만, 실제 상담을 진행할 때는 이러한 윤리적 기준과의 차이가 발생한다. 미국 전역의 상담자를 대상으로 한 한 연구(Pope, Tabachnick, & Keith-Spiegel, 1987)에서 응답자의 25%는 때때로 자신의 능력 범위를 넘어 상담 서비스를 제공한 적이 있다고 응답하였다. 상담자들이 자신의 능력 범위를 넘어서 서비스를 제공하지 않는 것이 기본적인 윤리적 행동이지만, 보다 근본적으로는 상담자가 교육과 훈련, 보수

교육 등을 통해 최소한의 능력을 갖추려는 노력이 바탕이 되어야 한다.

2) 유능한 상담자를 교육하기 위한 방법

상담자가 상담자로서의 지식, 기술, 근면함을 갖게 되는 가장 기초적인 방법은 교육을 통한 방법이다. 상담자에 대한 교육 프로그램은 대학의 학부, 석사, 박사 과정에 광범위하게 개설되어 있다. 그리고 각각의 수준에서 교육을 마쳤을 때 이들이 할 수 있는 역할에는 차이가 있다. Corey, Corey와 Callanan (2007)은 상담자 교육과정과 관련하여 상담수련생의 선발, 상담자 교육 프로그램 내용의 구성, 상담수련생의 능력의 평가, 상담수련생이 프로그램에서 요구하는 능력을 얻지 못했을 때의 조치 등을 주요한 윤리적 쟁점으로 들었다.

상담자의 능력을 키우는 가장 일차적인 과정은 학부나 대학원 상담 프로그램에서 상담수련생을 선발하는 과정이다. Corey, Corey와 Callanan(2007)은 상담 프로그램 지원자 중 수련생을 선발할 때 어떤 선발 기준을 사용해서 뽑아야 하는지, 선발 과정에서 전통적인 학업 능력만을 사용할 것인지, 개인의 성격적 특성을 함께 고려할 것인지, 상담자로서 성장하는 데 방해가 되는 문제를 가지고 있다면 상담 과정에 입학시켜도 되는지, 혹은 다양한 집단과 함께 작업하고 배우려는 마음이 있는지 등이 상담수련생의 선발 과정에서 중요하게 고려되어야 하는 질문이라고 제안하였다.

학생들을 선발하고 난 이후에는 상담 프로그램의 구성—즉, 학생들의 상담자로서의 능력을 키우기 위해 무엇을 가르칠 것인가—이 중요한 문제가 된다. 상담 프로그램을 마치고 나서 상담자가 일정 정도의 능력을 갖추도록 하기 위해서는, 다양한 상담 프로그램에서 가르치는 내용들에 대해 공통된 기준을 마련할 필요가 있다. 미국의 경우 석사 과정에 대한 상담 및 상담 관련 교육 프로그램 인준협회(Council for Accreditation of Counseling and Related Education Program: CACREP)의 인준 과정이나 박사 과정 프로그램에 대한 미국심리학회의 인준 과정을 통해 대학에 개설된 상담자 교육 프로그램이 인준을 받도록 하고 있다. 각 프로그램이 인준을 받기 위해서는 요구되는 필수 교과영역을 개설하여야 한다. 학회는 인준 프로그램의 졸업자가 취업에 유리하게 함으로써, 많은 대학원 프로그램들에 학회의 인준을 받기 위한 필수 교과를 개설하도록 압력을 넣고 있다. 우리나라에서는 전문상담교사 연수과정의 경우 연수를 받고 난 교사들에게 전문상담교사 자격증이 주어지므로 개설된 학교마다 연수 프로그램의 내용을 동일하게 유지하도록 하고 있지만, 대학원 상담 프로그램은 인준 절차가 없는 상태다. 상담자 교육과정을 통일하는 문제는 학회 차원에서 논의되기도 하였으나(이숙영, 김창대, 2002), 그 이후 정책적으로 채택이 된 것은 아니다.

미국의 경우 CACREP(2001)의 인준을 받은 대학원 석사 과정 프로그램에서 보통 개설하는 핵심 과목은 전문가 정체성, 인간의 성장과 발달, 사회적 문화적 다양성, 상담 이론과 실제, 집단상담, 진로 개발, 심리 평가, 상담 연구 및 프로그램 평가, 인턴십 등이다. CACREP의 인준을 받기 위해서는 개설되는 핵심 과목뿐만 아니라 프로그램이 개설되는 기관, 프로그램의 목적 및 교과 과정, 임상 경험, 교수진, 프로그램의 구조 및 행정적 측면, 프로그램에서 이루어지는 평가 등에서도 협회에서 제시하는 최소한의 기준이 충족되어야 한다. Corey, Corey와 Callanan(2007)은 상담 프로그램이 상담수련생의 능력을 키워 주기 위해서 이론적인 지식을 가르칠 뿐만 아니라 상담자 자신에 대한 이해를 높일 수 있도록 설계되어야 한다고 제안하였다. 또한 상담 프로그램의 교수들이 건강한 대인관계의 모델 역할을 함으로써, 학생들이 자신의 문화적 배경과 다른 다양한 내담자들을 이해하고 도울 수 있는 능력을 키우는 데 도움이 된다고 보았다.

상담자 교육과정에서 상담수련생이 프로그램에서 요구하는 상담자의 능력을 발달시켰는지의 여부를 평가하는 것은 필수적이다. 상담자 능력의 평가는 상담자의 능력은 무엇으로 구성된다고 보는지의 문제와 밀접하게 관련된다. 상담자 교육 프로그램은 상담수련생의 지식, 기술, 윤리적 기준의 적용, 정서적 능력의 평가를 어떻게 할 것인지 고려해야 한다. Forrest 등(1999)은 상담 프로그램의 평가 과정에서 상담수련생의 능력을 평가하기 위해 포함되어야 하는 요소로 학문적 기술, 평가 기술, 임상적 판단 능력, 임상 기술, 윤리, 대인 기술, 심리내적 기술, 수퍼비전에 대한 반응, 이론적 기술 등을 들었다.

상담자 교육 프로그램은 상담수련생의 상담자 능력의 발달에 대해 학기말 교과의 성적을 통해서뿐만 아니라 다양한 경로를 통해 피드백을 줄 수 있다. 학기말 교과의 성적이 상담 지식 및 윤리적 기준의 적용, 상담 기술의 평가를 반영하는 데 반해, 정서적 능력은 교과 성적을 통해 드러나기가 어렵다. 이를 극복하고 상담자의 능력을 종합적으로 평가해 피드백을 줄 수 있는 한 가지 방법은, 수업 담당 교수, 수퍼바이저, 지도 교수가 종합적으로 상담수련생의 능력을 평가해 학기마다 피드백을 주는 것이다. 이런 방식으로 상담수련생은 자신의 장점과 단점, 발달시켜야 되는 영역을 알고 이를 개발해 나갈 수 있다.

발달 영역에 대한 평가와 피드백에도 불구하고 상담수련생이 능력을 개발하려는 노력을 하지 않아 상담자로서의 특정 능력이 부족하다면, 이에 대한 적절한 조치를 취하는 것이 상담자 교육에서의 윤리적 과제가 된다. Vacha-Haase, Davenport와 Kerewsky(2004)가 미국 내 대학원 박사 과정의 상담자 교육 책임교수 103명을 대상으로 조사한 연구에 따르면, 이들이 속한 103개의 상담자 교육 프로그램은 지난 3년간 적어도 1명의 박사 과정 학생을 능력 부족으로 프로그램에서 탈락시킨 것으로 나타났다. 상담 전공의 대학원생들이 가장 자주 드러내는 문제들은 부적절한 임상 기술(65%), 수퍼비전에서의 방어적 태도(52%), 대인 기술의 부족(42%) 등이었다.

내담자들은 상담자들이 가진 석사학위나 박사학위를 상담

자 능력에 대한 하나의 증거로 삼는다. 이런 면에서 상담자 교육 프로그램에서 특정 영역의 능력 발달이 이루어지지 않은 학생을 그냥 졸업시키는 것은 비윤리적 행동이 된다. 상담 프로그램은 이런 경우 학생의 능력 발달이 떨어지는 과목을 다시 듣게 하거나, 수퍼비전을 더 강화하거나, 심리적 문제에 대한 개인상담을 받도록 하거나, 극단적인 경우 프로그램에서 탈락시키는 조처를 취할 수 있다. Vacha-Haase, Davenport와 Kerewsky(2004)는 상담 프로그램의 이런 역할에 주목하여, 상담 프로그램의 교수진은 문제가 있거나 능력이 떨어지는 상담 수련생을 미리 파악하고 적절한 조처를 취해 내담자들을 보호하는 문지기의 역할을 해야 한다고 보았다.

3) 상담자 능력에 대한 지표: 상담자 자격과 면허

내담자들은 상담자가 충분히 능력이 있는가를 판단하는 기준으로 흔히 상담관련 학위, 상담자 자격, 면허 등을 본다. 상담 관련 전문가 학회에서는 다양한 자격증을 주고 있는데, 청소년 상담자와 같은 경우는 국가에서 자격을 정해 주고 있다. 각종 학회에서 주는 자격증은 자격증의 종류와 그 급수에 따라 요구 조건이 모두 다르지만, 대체로는 관련 전공의 학위, 학위를 받은 후 임상 경험, 수퍼비전 경험 등을 기본 요건으로 한다(한국상담심리학회, 2005b; 한국상담학회, 2007; 한국청소년상담원, 2007). 상담자 자격이 전문가 집단에서 인정하는 상담자의 능력에 대한 인증인 반면, 상담자 면허는 상담자의 자격을 법으로 규제하는 것이다. 상담자 면허는 상담자 자격보다 한 층 강화된 지표로, 상담을 하기 위해서는 면허증이 있는 사람만 상담을 할 수 있도록 법으로 규제하는 것이다. 미국의 경우는 상담자 면허가 있는 사람만 독립적으로 내담자에게 상담을 제공하고, 면허가 없는 경우는 상담자 면허가 있는 사람에게 수퍼비전을 받는 경우에만 상담을 할 수 있도록 규정하고 있다. 그러나 우리나라의 경우는 아직 상담자 면허 제도가 시행되지 않고 있다.

상담자 자격과 면허는 모두 상담자의 자격을 체계적으로 정함으로써, 내담자가 자격이 없는 사람에게 상담을 받아 피해를 입을 수 있는 가능성을 없애거나 줄이기 위한 것이다. 그런데 상담관련 자격이나 면허는 상담자가 상담자로서의 능력을 갖기 위해 요구되는 최소한의 기준을 충족시켰다는 것이지, 상담자가 유능하다거나 이상적인 상담자임을 뜻하는 것은 아니다.

한편, 상담자가 일단 자격증이나 면허증을 땄다고 하더라도 그 이후에 생활상의 스트레스나 개인적인 문제 때문에 상담자의 능력이 훼손될 수 있다. 이런 경우를 대비해 관련 학회에서는 상담자가 자격증이나 면허증을 딴 이후에도 상담자 능력을 유지하기 위해 계속 교육이나 보수교육을 받을 것을 의무화하는 경우가 많다.

4) 상담자 능력의 한계 상황

상담자가 기본적인 상담 교육을 받고 해당 자격증을 받았다고 하더라도, 다양한 문화적 배경을 가진 내담자들 모두에게 유능한 상담 서비스를 제공하기는 어렵다. 대학원을 졸업하고 상담자 자격증을 취득한 상담자가 스스로 어떤 집단과의 상담에, 어떤 문제에, 어떤 절차에, 어떤 평가 과정에, 혹은 어떤 상담기법을 사용하는 데 유능한지를 어떻게 알 수 있는가? 몇 가지 기준은 다음과 같다.

Welfel(2006)은 상담자들이 실제 상담에서 흔히 접하는 상담자 능력의 한계 상황으로, 대학원에서의 공식적인 교육 이후에 새로운 상담기법을 배워서 상담 실제에 적용하는 문제, 새로운 내담자 집단과의 상담, 상담전문가가 부족한 시골 지역에서 본인이 익숙하지 않은 문제에 대해 상담해야 되는 경우 등을 예로 들었다. 상담자가 새로운 상담기법을 배워 상담 실제에 적용하고자 하는 경우의 윤리적인 절차는 새로운 상담기법의 효과가 과학적으로 검증되었는지에 대해 확인하고, 자료를 충분히 읽고 검토한 후, 수퍼비전을 포함한 실습 경험 등이 충분히 이루어진 후 새로운 기법을 적용하는 것이다. 이에 따르면, 하루나 이틀의 워크숍을 통해 새로운 기법을 배우고 이를 실제 내담자에게 적용하는 것은 위험할 가능성이 많다.

상담 과정에서 상담자 능력의 한계 상황은 본인이 많이 작업한 내담자 집단이 아닌 새로운 대상과의 상담에서도 일어난다. 예를 들어, 청소년 내담자와 주로 상담하는 훈련을 받아

온 상담자가 성인을 상담하거나, 성인 상담의 훈련을 주로 받아온 상담자가 아동이나 노인을 상담하는 경우 등이 그러하다. 특히 상담자가 상담전문가가 부족한 시골 지역에서 일한다면, 한 사람의 전문가가 다양한 연령 집단과 다양한 문제를 상담해야 하는 문제가 발생한다. 이때 상담자 자신이 익숙한 문제 영역이나 대상이 아니라고 해서 무조건 상담 서비스를 제공하지 않는 것도 윤리적인 행동으로 보기는 어렵다. 내담자가 상담이 필요한데 특정 상담자가 상담 서비스를 제공하지 않을 경우 다른 상담 서비스에 대한 접근이 어렵다면, 상담자의 이와 같은 행동이 반드시 내담자에게 도움이 된다고 보기 어려운 것이다.

상담전문가의 수가 많고 상담자의 상담 영역이 매우 전문화되어 있는 미국과 달리, 상담전문가의 숫자가 상대적으로 작은 우리나라의 경우도 한 사람의 전문가가 다양한 역할을 담당해야 되는 경우가 많이 발생한다. Welfel(2006)은 이와 같은 상황에서 일해야 하는 상담자라면 여러 문제와 다양한 연령 집단에 대해 공부하고 최대한의 능력을 갖도록 노력할 필요가 있다고 강조하였다.

5) 상담자 능력의 향상을 위한 제언

현재 우리나라에서는 상담자 면허 제도가 없고 상담자 자격증과 학위가 상담자 능력의 지표로 이용된다. 그런데 여기에는 몇 가지 개선되어야 할 점이 있다. 먼저 상담자 자격증은 국가 자격인 청소년상담사 자격증을 제외한 대부분의 자격증이 학회에서 주어지는 것이다. 학회에서 발급하는 상담자 자격증을 받기 위해 상담자는 대체로 상담관련 학위와 관련 경력이 있어야 하고 학회 시행의 자격시험을 통과해야 한다. 그런데 각 학회에서 요구하는 자격 조건이 학회마다 그 기준이 다르고 요구되는 경력의 범위도 학회마다 다른 것이 문제다.

국가 자격인 청소년상담사 자격제도의 시행을 앞두고 황순길 등(2000)이 상담자 자격증의 실태를 조사한 보고서에서는 우리나라에서 주어지는 상담관련 자격증은 모두 여덟 가지이고, 각 자격증을 받기 위해 요구되는 상담 실제 경험이 90시간에서 몇 년에 걸쳐 다양하다고 하였다. 따라서 상담자가 유사한 자격증을 갖고 있다고 하더라도 상담자의 능력은 차이가 날 수밖에 없으며 이는 상담자 자격증에 대한 신뢰를 떨어뜨리게 된다. 우리나라 상담자 윤리교육과 관련된 쟁점이 다루어진 Gong(2003)의 논문에서, 저자는 상담자 능력의 향상을 위한 제도적 개선책으로 비슷한 등급의 자격증에 대해서 각 학회들이 합의하여 필요 경력을 유사한 수준으로 조정하거나 관련 학회의 자격증을 통합하여 운영하는 방안을 제안하였다.

상담자 교육 면에서도 개선되어야 할 점이 있다. 최근 우리나라는 개인의 복지에 대한 관심과 함께 상담에 대한 관심도 증가해 많은 대학들에서 상담자 교육 프로그램을 개설하고 있다. 이런 변화는 상담 교육이 활발하게 이루어지도록 하여 보다 많은 사람들이 상담의 혜택을 받을 수 있도록 하는 데에는 기여한 면이 있으나, 상담 전공의 유능한 교수진이 충분히 지원되지 않은 상태에서 프로그램이 개설되고 학생 수가 늘어나 결과적으로 일부 프로그램에서 상담자 교육의 질적 저하가 이루어진 측면이 있다. 교수진에 비해 학생 수가 많아지면 상담자 교육은 이론 중심으로 이루어지기가 쉽고, 학생들은 상담자 기술 습득 면에서 충분히 배우지 못하고 학위 과정을 마치게 된다.

상담자 교육이 내실 있게 이루어지기 위해 도입될 수 있는 하나의 방법이 프로그램 인준 제도다. 프로그램 인준 제도가 정착되면 인준된 프로그램을 졸업한 학생들이 좋은 직장을 갖게 되므로, 학생들이 인준된 프로그램에 더 많이 지원하고 따라서 많은 프로그램들이 인준받으려는 노력을 하게 된다. 프로그램의 인준은 대체로 교육과정, 교수진의 구성, 프로그램에 대한 학교의 지원 등 여러 가지 요소를 포함해서 이루어지므로, 현재 대학의 상담 프로그램이 갖고 있는 문제들-교수진의 부족, 상담자 교육에서 수퍼비전을 제공하는 상담 실습 교육의 부족 문제-이 어느 정도 개선될 수 있을 것이다.

2. 내담자의 권리: 정보에 근거한 동의

정보에 근거한 동의(informed consent)란 내담자가 상담과 관련된 중요한 정보들을 파악한 상태에서 현재의 상담자에게 상담을 받을 것인지에 대해 결정하도록 도와야 한다는 것이다.

상담을 받을 것인지에 대한 최종 결정은 상담자가 아닌 내담자가 해야 한다는 의미에서, 정보에 근거한 동의는 내담자의 자율성과 상담에 대한 내담자의 주도성에 대한 존중을 기반으로 한다. 또한 Welfel(2006)은 '무해성의 원칙'과 '공정성의 원칙'이 정보에 근거한 동의와 관련된다고 보았다. 상담의 성과는 어느 정도 내담자의 상담에 대한 동기 및 준비도와 관련된다. 내담자가 상담의 다양한 측면에 대한 지식이 충분히 있을 때 상담에서 무엇을 기대하고 어떻게 행동할지 더 잘 파악할 수 있는데, 이런 면에서 정보에 근거한 동의는 무해성의 원칙과 관련된다는 것이다. 상담자는 모든 내담자를 공정하게 대하고 다양한 내담자가 공정한 도움을 받도록 할 의무가 있다. 상담자가 내담자의 특성에 따라 특정한 정보를 더 제공하거나 덜 제공하는 것은 상담의 철학적 원칙인 공정성에 위배된다. 결론적으로, 정보에 근거한 동의는 상담기관을 보호하기 위한 목적보다 내담자의 권리에 대한 존중을 바탕으로 이루어지는 것이 바람직하다.

1) 내담자에게 주어지는 상담 정보에 포함되는 요소들

상담의 다양한 측면에 대해 충분하게 정보를 얻는 것이 내담자의 권리라고 한다면, 이러한 정보는 어떤 범위에서 어느 정도의 깊이로 다루어져야 하는가? 내담자에게 알려 주는 상담 정보의 범위나 깊이는 상담, 평가, 심리검사 등 제공되는 서비스의 종류에 따라 달라질 수 있다. 내담자에게 주어지는 상담 정보의 범위에 대해서는 학자마다 약간의 이견이 있지만 학자들의 의견(Corey, Corey, & Callanan, 2007; Pope & Vasquez, 2007; Welfel, 2006)을 종합하면 다음과 같다.

- 상담의 목표, 기법, 과정, 한계
- 상담으로 얻게 되는 이득(benefits)과 상담 과정에서의 위험(risk) 부담
- 심리검사, 평가, 진단이 진행되는 방식과 이용 범위
- 상담 요금
- 보험 등의 이유로 상담이 종결될 수 있는 가능성
- 비밀보장과 한계
- 수퍼바이저를 비롯해 상담과 관련되는 전문가
- 상담자의 자격과 훈련
- 위기 상황에서 상담자에게 연락할 수 있는 경로
- 회기의 녹음이나 녹화 관련 사항
- 기록에 대한 내담자의 접근
- 상담자를 선택할 수 있는 내담자의 권리
- 상담을 거부할 수 있는 내담자의 권리

특히 상담자는 내담자가 상담 이외의 다른 치료 방법을 선택할 수 있을 때 이에 대해 설명하여야 하며, 상담자가 사용하는 기법이나 상담의 접근이 전통적인 접근이 아니라서 효과성에 대한 경험적 자료가 제한적일 때도 이를 미리 설명해야 한

다. 이 과정을 통해 내담자는 필요한 정보들을 바탕으로 상담 여부를 선택할 수 있다.

상담에 대한 내담자의 동의를 얻는 과정에서 한 가지 쟁점은 위에서 제시된 주제들을 얼마나 자세히 내담자에게 전달할 것인가 하는 점이다. 위의 항목들을 세부적으로 다룬다면, 그것만으로도 얇은 책 한 권에 해당하는 분량이 될 것이다. 그러나 내담자에게 설명하는 상담 정보에 무엇을 포함시켜야 하는지와 얼마나 구체적으로 설명해야 하는지에 대해서는 아직 상담자들 간에 합의된 것이 없다(Barnett, Wise, Johnson-Greene, & Bucky, 2007). 이에 대해 Pope과 Vasquez(2007)는 '집단 기준'(community standard)의 규칙에 따를 것을 제안한다. 즉, 전달되는 내용의 범위는 그 전문가 집단에서 상담을 실시할 때 통상적으로 포함하는 내용이면 된다는 것이다. 정보에 근거한 동의는 대학원에서 학생을 교육시키듯이 내담자를 그 방면의 전문가로 만들려고 하는 것이 아니라, 내담자가 상담에 대해 내리는 결정이 충분히 정확한 정보의 토대 위에서 이루어지도록 돕는 데 그 목적이 있다는 점을 기억할 필요가 있다.

2) 상담 정보를 제공하는 방식

정보에 근거한 동의에 포함되어야 하는 내용들을 내담자가 파악할 수 있는 방식으로 전달해야 한다. 가장 흔한 방식은 서면을 통해 정보를 제공하는 것이다. 서면에 상담과 관련된 내용을 미리 적어 둔 후 상담 대기 시간 등을 통해 내담자가 그 내용을 읽고 동의서에 서명하게 하는 것이다. 서면을 통해 상담의 정보를 제공할 때는 내담자가 읽고 이해하기 쉬운 언어로 설명하여야 하며, 상담에서 쓰이는 전문 용어를 지나치게 사용하지 않는 것이 좋다. 특히 내담자가 아동과 청소년인 경우는 내담자의 발달 단계에 맞게 내담자가 읽고 이해할 수 있는 수준에서 그 내용을 설명하여야 한다.

상담 대기 시간에 내담자가 내용을 읽어 보도록 하기 위해서는 보통 상담자가 아닌 상담실의 다른 스태프가 내담자에게 동의서를 전달하게 된다. 상담자는 내담자가 그 내용을 읽고 동의한 상태에서 내담자를 만나고 상담을 진행한다. 그런데 이런 경우에 내담자는 서면에 적힌 내용을 자세히 읽기도 하지만, 내담자가 정서적으로 안정되지 않은 상태에서 상담에 온다면 그 절차를 형식적인 절차로 생각하고 내용을 정확하게 이해하지 못한 상태에서 서명만 하는 경우도 있다. 그렇기 때문에 상담자는 서면으로 상담 정보를 설명한 경우라도 상담 시간에 다시 한 번 구두로 설명해 주고, 내담자가 내용을 이해했는지 확인하는 것이 좋다. 이때 그 내용을 이해했냐고 물어보기보다는, 중요한 내용에 대해 내담자가 이해한 것을 요약해 보라고 하는 것이 유용하다. 설명된 내용에 대해 내담자가 질문을 할 수 있도록 격려하는 것도 도움이 된다.

대체로 상담실에서는 서면을 통해 내담자에게 정보를 제공하고 상담 동의를 얻는 절차를 밟지만, 이와는 다르게 비디오 테이프나 오디오 테이프와 같은 방법을 통해서도 절차가 이루어질 수 있다(Welfel, 2006). 비디오 자료를 이용한다면, 상담 약속이 있는 내담자를 얼마간 일찍 상담실에 오게 해서 상담을 시작하기 전에 먼저 비디오테이프를 보고 상담에 대해 이해를 높이도록 할 수 있다.

내담자에게 상담관련 정보들이 한 번 전달이 되었다고 해서 내담자가 그 내용을 모두 이해했다고 보기는 어렵다. 필요한 경우, 상담 과정에서 관련된 쟁점이 생길 때마다 상담관련 정보들을 반복해서 알려 줄 필요가 있다. 이런 면에서 보면, 정보에 근거한 동의는 상담 초기에 한 번 이루어지고 끝나는 일회성의 과제가 아니라 상담 과정 중 지속적으로 이루어지는 과정적인 것이다. 영상물로 제작된 상담 정보 자료가 있으면 내담자가 필요한 경우에는 언제라도 집에서도 쉽게 그 정보를 이용할 수 있는 장점이 있다.

3) 정보에 근거한 상담 동의서

정보에 근거한 동의를 서면으로 얻으려고 하는 경우 그 양식의 한 가지 예는 〈표 2-2〉와 같다. 이것은 Corey, Corey와 Callanan (2007, pp. 182-187)의 예를 간결하게 수정해 본 것이다.

〈표 2-2〉 청소년상담의 정보에 근거한 상담 동의 양식의 예

상담에 대한 동의
상담에서 내담자는 상담 전반에 관한 정보를 알 권리가 있으며, 이러한 정보에 바탕을 두고 내담자가 상담의 시작에 동의할 때 상담이 시작됩니다. 다음의 사항을 읽어 보시고 질문이 있으면 상담자에게 질문할 수 있습니다.

상담자의 배경

저는 상담심리학 석사학위를 받았으며, 한국상담학회의 1급 상담자 자격증과 국가자격증인 1급 청소년상담자 자격증을 갖고 있습니다. 저는 가족치료, 인지행동치료, 대인관계치료에서 교육과 수퍼비전을 받았습니다. 실제 상담은 청소년 및 성인 대상의 개인상담, 가족상담, 집단상담을 진행해 온 경험이 있습니다.

상담의 이익(benefit)과 위험(risk)

상담을 받으러 오는 대부분의 청소년들은 특정한 문제를 가지고 있고, 상담은 이러한 문제의 감소와 내담자 복지의 증진을 목표로 합니다. 대부분의 경우 상담은 청소년의 문제를 감소시키는 데 효과가 있지만, 때때로 상담에서 도움을 받지 못하거나 문제가 심해지는 경우도 있습니다. 내담자가 정신건강상의 문제가 있다면, 적절한 상담을 받지 않으면 문제가 악화될 가능성이 높습니다.

의학적 문제

만약 필요하다면 청소년 내담자는 의학적 검사를 받아야 할 필요가 있습니다. 상담에서 필요하다고 판단하면, 정신과적 치료와 처방을 위해 내담자를 정신과에 의뢰할 수 있습니다.

평 가

상담 초기와 상담이 진행되는 중에 청소년의 심리적 욕구를 파악하기 위해 평가가 이루어질 수 있습니다. 이 과정에서 내담자는 질문지나 심리검사에 응함으로써 평가에 협조할 것이 요청됩니다. 상담자는 내담자가 자신에 대해 솔직한 정보를 제공할 때 내담자의 문제를 정확하게 평가하고 이에 따른 적절한 상담을 제공할 수 있습니다.

상담의 비밀보장

상담의 효과는 청소년이 상담자를 믿고 상담에서 자신의 얘기를 하는 것에서 출발합니다. 이를 위해 상담 내용의 비밀보장은 필수적입니다. 특히 청소년 상담에서 흡연, 음주, 약물 사용, 무단 결석 등 청소년기 특유의 문제들은, 상담자가 부모에게 이런 얘기들을 전달하지 않을 것이라는 확신을 내담자가 가질 때만 상담에서 편안하게 다루어질 수 있습니다. 다만, 이런 문제가 청소년 자신이나 타인에게 해가 될 정도로 위험한 수준인 경우는 부모에게 알려질 것입니다.

부모와의 보조적 계약(Collateral contract)

청소년을 상담하는 상담자가 부모와 만나는 것은 부모와 상담 계약을 하지 않은 이상 보조적인 것입니다. 즉, 부모와 만나는 것은 청소년 내담자를 더 잘 돕기 위해 보조적으로 만나는 것이므로 부모와 면접한 내용은 비밀보장의 대상이 아닙니다.

제3자에 대한 상담의 비밀보장

상담은 다음의 예외 상황을 제외하고는 제3자에 대해 비밀이 보장됩니다.

1. 내담자와 부모의 승인이 있을 때
2. 보험 회사에 치료비를 청구하기 위한 경우
3. 자살, 타살, 심각한 재산 파괴의 위험이 있을 때
4. 아동, 성인, 노인 학대의 경우
5. 법정의 명령
6. 사례 수퍼비전 및 자문의 경우

전문적 기록

상담자는 모든 사례에 대해 기록으로 남길 의무가 있습니다. 내담자는 원한다면 사례 기록의 복사본을 받아 볼 수 있습니다. 다만, 사례 기록을 보는 것이 내담자에게 정서적으로 해가 된다고 상담자가 판단하면, 사례 기록은 상담자가 내담자에게 설명해 줄 수 있습니다. 모든 기록은 파일 캐비닛에 잠긴 상태로 보관됩니다.

상담 비용

상담 비용은 시간당 00원입니다. 상담 진행 과정에서 심리검사가 필요할 때 심리검사를 실시하는 데에는 별도로 비용이 부과됩니다. 상담 비용은 매 회기가 끝난 후 지불하면 됩니다.

상담의 취소

상담을 취소하는 경우는 약속된 시간에서 24시간 이전에 연락해야 합니다. 응급 상황을 제외하고 24시간 이전에 취소가 되지 않으면 약속된 시간에 대해서 상담료가 청구됩니다.

위기 상황

내담자에게 위기가 생기면 상담자에게 전화로 연락할 수 있습니다. 상담자가 전화 연락이 안 되면 24시간 전화연락이 가능한 위기센터(전화: 000-0000)로 연락합니다.

상담의 기간 및 종결

내담자의 문제 중 어떤 문제는 몇 번의 상담 후 해결되기도 하지만 어떤 문제는 해결되는 데에 걸리는 상담기간이 길어질 수 있습니다. 상담을 종결하는 결정은 최종적으로 내담자가 할 수 있습니다(예외: 아동학대, 약물남용, 임신, 다른 심각한 욕구 등). 만약 내담자가 적절한 상담을 받기 전에 보호자가 상담을 종결하는 것으로 상담자가 판단한다면, 상담자는 내담자를 다른 전문가에게 의뢰할 수도 있습니다.

저는 상담의 전반에 관한 위의 설명들을 읽고 이해했으며, 아래에 서명함으로써 이 상담에 자발적으로 참여할 것에 동의합니다.

내담자의 이름 ________ 서명 ________ 날짜 ________

보호자의 이름 ________ 서명 ________ 내담자와의 관계____ 날짜 ________

상담자의 이름 ________ 서명 ________ 날짜________

3. 비밀보장

비밀보장(confidentiality)은 상담자와 내담자 간에 신뢰 관계가 형성되어 내담자가 상담자를 믿고 자신의 문제를 의논하게 하는 데 바탕이 되는 상담의 가장 기본적인 윤리 기준이다. 상담에서 다루는 정보는 비밀보장의 대상이 되는데, 이는 상담자가 법적으로 정해진 경우가 아니면 상담에서 알게 된 정보를 제3자에게 노출할 수 없음을 뜻한다. 비밀보장의 대상은 상담에서 내담자가 이야기한 내용뿐만 아니라 내담자 관련 정보, 상담 진행 관련 사항 등을 포함한다. 상담과 관련된 법적 기준이 마련된 미국의 경우는 상담의 비밀보장이 윤리적 기준이기도 하지만 상담자의 법적 의무이기도 하다. 비밀보장은 상담 윤리의 기본이 되는 가치 중 인간의 권리와 존엄에 대한 존중과 관련된다. 상담자는 기본적으로 모든 인간의 존엄과 가치를 존중해야 할 의무가 있는데, 이는 내담자의 사적 정보(privacy)에 대한 존중과 관련된다.

비밀보장과 관련해 상담자가 처할 수 있는 다음과 같은 상황(최해림, 2002)을 생각해 보자.

상황 1. 상담을 1년 전에 받은 적이 있는 내담자가 취직하였는데, 상담자는 최근에 내담자가 취직한 직장에서 내담자에 대한 소견서를 요청받았다. 상담자는 내담자와의 상담 사실을 밝힌 후 현재 내담자는 적응 문제가 없다고 서류를 작성해 보내 주었다.

상황 2. 몇 년 전에 상담한 내담자의 사례를 학회 사례발표회에서 발표하려고 하였는데, 내담자의 소재를 현재 파악하기 어려워 내담자의 동의 없이 학회에서 내담자의 사례를 발표하였다. 상담자는 내담자의 인적 정보를 밝히지 않고 약간 변경하여 사용하였다.

위의 두 사례는 상담자 윤리 기준의 다른 쟁점들과도 관련되지만, 이들 모두 상담자가 상담의 기본 조건인 비밀보장을 깬 경우에 해당한다.

비밀보장에 관한 아래의 글에서는 '이 상황에서 상담자가 취한 조치가 윤리적으로 옳은 행동인가, 그렇지 않은가?' '윤리적으로 옳거나 그르다면 그 근거는 무엇인가?'와 같은 질문에 대한 대답을 다룬다. 먼저 위의 상담자 행동이 윤리적인지를 생각해 보고 다음의 내용을 읽은 후 다시 한 번 본인의 생각을 검토해 보는 것이 도움이 될 것이다.

1) 비밀보장과 면책특권

상담의 정보가 비밀보장의 대상이고 법적으로 요청을 받은 경우는 비밀보장이 지켜질 수 없는 데 반해, 면책특권(privileged communication)은 법적으로 요청되더라도 그 정보를 습득한 전문가가 정보를 개방할 필요가 없는 경우다. Corey, Corey와 Callanan(2007)은 미국의 경우 상담의 효과가 상담자-내담자 간 정보의 비밀유지를 기본으로 하여 발생한다는 것을 인정하면서, 몇몇 주에서는 상담에서 다룬 내담자의 민감한 정보를 상담자가 법원에서 공개하지 않을 수 있다고 규정하고 있다고 하였다. 하지만 미국에서도 가족상담, 집단상담, 부부상담, 아동과 청소년상담의 경우는 면책특권이 적용되지 않는다고 하였다. 우리나라는 아직 상담관련 정보의 보호에 대한 법이 마련되어 있지 않으므로, 상담 정보에 면책특권이 적용되지는 않는다.

2) 비밀보장에 관한 학회 규정

한국상담학회(2002)의 윤리규정과 한국상담심리학회(2005a)의 상담심리사 자격규정에서 다루고 있는 비밀보장 관련 규정은 〈표 2-3〉과 같다. 상담자는 상담에서의 비밀보장에 대한 사항을 상담 정보에 관한 설명에 포함시키고, 상담의 구조화 단계에서 이를 내담자에게 설명하여야 한다.

〈표 2-3〉 비밀보장 관련 규정

한국상담학회(2002)
3. 정보의 보호 (1) 상담자는 사생활과 비밀유지에 대한 상담수혜자의 권리를 최대한 존중해야 할 의무가 있다. (2) 상담자는 상담수혜자에 대한 상담 기록 및 보관을 규정에 따라 시행한다. 또한 상담자는 녹음 및 기록에 관해 상담수혜자의 동의를 구한다. (3) 상담자는 아래와 같은 상담수혜자 개인 및 사회에 임박한 위험이 있다고 판단될 때만 매우 조심스러운 고려 후에, 상담수혜자에 관한 정보를 적정한 전문인 혹은 사회 당국에 공개한다. 이런 경우 상담 시작 전에 이러한 비밀보호의 한계를 알려준다. ① 상담수혜자의 생명이나 사회의 안전을 위협하는 경우 ② 상담수혜자가 감염성이 있는 치명적인 질병이 있다는 확실한 정보를 가졌을 경우 ③ 법적으로 정보의 공개가 요구되는 경우 (4) 상담자는 상담수혜자에 대한 정보를 동료상담자 혹은 수퍼바이저에게 제공할 경우 사실적이고 객관적인 정보로 구성하며, 상담수혜자의 구체적 신분에 대해 파악할 수 없도록 할 책임이 있다. 더 많은 사항을 밝히기 위해서는 사적인 정보의 공개에 앞서 상담수혜자에게 알린다. (5) 상담수혜자에 관한 정보를 교육 및 연구의 목적으로 사용할 경우에는 상담수혜자와 합의를 거쳐야 하며, 그의 정체가 전혀 노출되지 않도록 해야 한다.
한국상담심리학회(2005a)
5. 정보의 보호 가. 사생활과 비밀 보호 (1) 상담심리사는 사생활과 비밀유지에 대한 내담자의 권리를 최대한 존중해야 할 의무가 있다. (2) 내담자의 사생활 보호에 대한 권리는 내담자나 내담자가 위임한 법적 대리인에 의해 유예될 수 있다. (3) 상담심리사는 내담자의 사생활 침해를 최소화하기 위해서 문서 및 구두상의 보고나 자문 등에서 실제 의사소통된 정보만을 포함시킨다. (4) 상담심리사는 고용인, 지도감독자, 사무보조원, 그리고 자원봉사자들을 포함한 직원들에게도 내담자의 사생활과 비밀이 유지되도록 주지시켜야 한다.

3) 비밀보장의 한계

상담에서의 비밀보장이 신뢰의 바탕이 되는 가장 기본적인 조건이기는 하지만, 이를 지킬 수 없는 예외 상황이 있다. 비밀보장의 예외는 대체로 비밀보장의 의무에 우선하여 내담자의 복지를 위해 행동을 취해야 하는 경우에 적용되는데, 한국상담학회(2002), 한국상담심리학회(2005a), 미국심리학회(APA, 2002)의 관련 규정에 포함되어 있는 비밀보장의 예외 상황은 다음과 같다.

- 내담자가 스스로를 해칠 가능성이 있을 때
- 내담자가 특정한 타인을 해칠 가능성이 있을 때
- 내담자가 감염성이 있는 치명적인 질병에 걸린 경우
- 법적으로 정보의 공개가 요구되는 경우
- 현재 진행 중인 아동학대가 드러날 때

내담자가 스스로를 해칠 가능성이 있는 경우 상담자는 이를 정확하게 평가하고, 내담자가 자신을 해치지 못하도록 하는 적절한 조처를 취해야 한다. 상담자는 이를 내담자의 부모를 비롯한 다른 보호자에게 알리고 이들이 내담자를 보호하도록 하거나, 더욱 심각한 경우는 병원에 연락해 입원 절차를 밟도록 할 수도 있다. 이 과정에서 내담자의 보호자 및 병원 관계자가 내담자의 관련 정보를 알게 된다.

내담자가 특정한 타인을 해칠 가능성이 있을 때 상담자는 잠정적 피해 대상을 보호하기 위해 관련 사실을 알리고 그 사람이 자신을 보호할 수 있도록 준비시켜야 한다. 미국심리학회의 윤리규정(2002)에서는 상담자가 내담자의 위험성을 정확하게 진단하지 못해 잠정적 피해자에게 자신을 보호할 수 있도록 미리 알리지 못하거나 내담자가 매우 위험한데도 지나치게 성급하게 퇴원시켜서 타인을 해칠 기회를 만드는 데 기여했다면, 이는 상담자가 자신의 의무를 제대로 수행하지 못한 것으로 보고 있다. 이 과정에서 상담자가 내담자의 타인을 해칠 의도 및 그 실행 가능성을 정확하게 평가하는 것이 중요하다. 내담자가 타인을 해칠 가능성에 대해 언급했을 때 단순히 분노를 표현하는 방식인지, 실제로 타인을 해칠 계획이 있고 계획을 행동으로 옮길 가능성이 있는지에 대한 전문적인 평가가 중요하게 다루어져야 한다.

내담자가 HIV 바이러스와 같이 감염성이 있는 치명적인 질병을 가지고 있으면서 바이러스를 전염시킬 가능성이 매우 높은 위험한 성적 관계를 맺고 있다면, 내담자와 관계를 맺고 있는 제3자는 치명적인 해를 입을 가능성이 있다. 이런 경우 상담자는 내담자가 먼저 제3자에게 자신의 질병과 그 위험성에 대해 알릴 것을 권고하지만, 내담자가 이를 거절하면서 위험한 성적 접촉을 지속한다면 제3자의 안전을 위해 이를 제3자에게 직접 알릴 수 있다.

법적으로 정보의 공개가 요구되는 경우로는, 내담자가 법적 분쟁에 휘말려서 상담 정보가 판결에 필요한 경우나 법적 판결에 따라 상담을 받도록 의뢰된 경우, 내담자가 상담자의 상담 행위에 대해 법적 소송을 제기한 경우 등이 해당된다. 법원의 요청으로 상담 관련 정보를 제공하는 경우라도, 상담자는 법정 사례의 진행과 관련해 필요한 사항에 대한 정보만 개방하고 관련 없는 내담자의 정보에 대해서는 비밀유지를 지속할 필요가 있다.

끝으로 현재 진행 중인 아동학대가 상담에서 드러날 때, 상담자는 이를 관련 기관에 신고할 의무가 있다. 우리나라에서는 아동의 보호 및 교육과 관련된 전문가들이 아동에게서 아동학대의 증거를 발견하면 아동보호전문기관(구 아동학대예방센터, 전화 129, 1577-1391)으로 신고할 것을 의무화하고 있다. 일단 신고가 이루어지면 지역의 아동보호전문기관에서 아동과 그 보호자를 대상으로 아동학대 여부를 조사하고 적절한 후속 조처를 취한다. 아동학대의 증거를 발견한 경우에 상담자는 아동의 보호자에게 신고의 의무에 대해 다시 한 번 알리고 관련 기관에 신고하는 것이 좋다.

한편, 상담자는 이상과 같은 비밀보장의 예외 상황이 아니더라도 내담자에게 더 나은 서비스를 제공하기 위해 내담자의 정보를 제3자와 공유해야 하는 경우도 있다. Corey, Corey와 Callanan(2007)은 다음과 같은 경우에 내담자의 정보를 상담자 이외의 다른 전문가에게 알릴 수도 있다고 보았다.

내담자가 정보공개에 동의했을 때

- 상담료 정산을 위해 보험회사 등 다른 기관에 상담 사실을 알려야 할 때
- 상담자가 다른 전문가나 동료에게 자문을 구하려 할 때
- 상담자가 수퍼비전을 받고 있을 때
- 다른 정신건강 전문가가 자료를 요청하여 내담자가 이에 동의했을 때
- 상담 팀이 있어 팀의 다른 전문가가 요구했을 때

위와 같은 상황에서 상담자는 내담자에 관한 정보를 관련된 전문가에게 알릴 수 있다. 그런데 이런 경우라도 상담자는 필요한 정보만을 제한적으로 알리고, 내담자에 관한 다른 정보들을 불필요하게 알리지 않도록 주의해야 한다.

비밀보장의 예외 상황에 대한 설명은 상담 초기에 상담자가 비밀보장에 대해 설명하면서 함께 다루어져야 한다. 상담에서 내담자, 특히 청소년이나 아동 내담자가 "내가 하려는 얘기에 대해 비밀을 지켜 준다면 얘기할게요."라고 말할 때 상담자는 비밀보장을 약속하지 않는 것이 좋다. 만약 상담자가 비밀을 지켜 주겠다는 약속을 하고 나서 내담자가 말하는 내용이 비밀보장의 예외 사항에 해당된다는 것을 알아차리고 비밀보장을 깨야 한다면, 이는 상담자에 대한 신뢰를 떨어뜨리고 상담관계에 해를 주게 된다.

상담 초기에 비밀보장의 예외 상황에 대해 미리 설명하고 내담자의 동의를 구한 후, 상담에서 비밀보장의 예외 상황이

발생해서 비밀보장을 깨야 하는 경우에 상담자가 이를 다루는 방법에 대해 Taylor와 Adelson(1989)은 다음의 세 단계를 제안하였다. 먼저 상담자는 비밀보장을 지킬 수 없는 이유에 대해 설명하고, 비밀보장이 깨지는 경우 이것이 상담자와 내담자의 관계에 미칠 영향에 대해 탐색하고, 부정적 결과를 최소화하고 긍정적 결과를 극대화하는 방향에 대해 함께 논의한다는 것이다. 내담자와 타인의 복지를 위한 조처를 취하기 위해 비밀보장이 깨지게 되는 경우라도 상담자는 최소한의 관련된 사람들과만 정보를 공유하고, 최소한의 필요한 정보만 전달하도록 주의한다.

4) 비밀보장을 유지하기 위한 노력

상담전문가들은 이론적으로 비밀보장에 대해 누구나 알고 있지만, 상담자가 계속해서 주의하지 않으면 쉽게 깨질 수 있다는 데 비밀보장의 어려움이 있다. 미국심리학회의 회원 1,319명을 대상으로 이들이 실제 상담에서 윤리 기준을 위반하거나 갈등을 느낀 경우를 조사한 결과에 따르면(Pope & Vetter, 1992), 연구의 참여자들이 보고한 703개의 사건 중 비밀보장과 관련된 경우가 128회(18%)로 그 빈도수가 가장 높았다. 아동상담자를 대상으로 한 국내의 연구(유재령, 김광웅, 2006a)에서도 아동상담자들이 비밀보장의 문제를 아동상담자의 능력 문제와 더불어 가장 자주 겪는 윤리적 갈등 상황으로 보고하였다. 이렇게 비밀보장이 쉽게 깨질 수 있다면 상담자는 실제 상담에서는 비밀보장을 유지하도록 주의할 필요가 있다.

비밀보장을 위해 상담자가 일상적으로 주의해야 할 부분들에 대해 Pope와 Vasquez(2007)는 상담 의뢰인, 자문, 수다, 사례 기록지, 전화 사용, 컴퓨터 파일의 관리와 관련된 사항 등으로 나누어 다음과 같이 설명하였다.

- 상담 의뢰인이 내담자를 의뢰한 경우 내담자가 와서 상담을 받았는지를 상담자가 의뢰인에게 알려 주는데, 윤리적 기준에 따르면 내담자가 상담 약속을 했는지, 현재 상담을 받고 있는지의 여부도 비밀보장의 대상이 된다.
- 상담자가 동료에게서 자문을 구할 때 공공장소에서 식사를 하면서 사례 얘기를 하거나 사무실 복도, 엘리베이터, 화장실 등에서 사례에 대해 논의하는 것은 사례와 관련 없는 다른 사람들에게 쉽게 정보가 노출되므로 적절하지 않다.
- 내담자에게 들은 특정한 정보, 혹은 내담자에 관한 정보를 수다처럼 동료에게 얘기하는 경우도 비밀보장의 윤리적 기준을 위반하는 것이다.
- 사례 기록지를 포함한 내담자 관련 파일은 상담자와 관계자만 접근할 수 있는 파일함에 넣어 잠근 채 보관해야 한다. 상담과 무관한 사람들이나 내담자들이 쉽게 드나들며 접근할 수 있는 공간에 내담자 관련 서류를 두는 것은 비밀보장의 원리에 위반된다. 내담자 파일은 상담실 내에만 보관해야 하며, 내담자 관련 자료를 기록을 위해서나 다른 용도로

상담실 밖으로 가지고 나가는 것은 비밀보장이 깨어질 가능성을 높이는 행동이므로 삼가는 것이 좋다.

- 전화 메시지나 팩스도 상담자 개인의 사무실에서 상담자만 사용하는 것이 아니라면 내담자 정보의 보호가 보장되는 상황에서 이용하는 것이 좋다. 공용으로 사용하는 전화기나 팩스에 내담자의 정보가 남겨져서 관련 없는 사람이 정보를 보게 된다면, 이는 상담자의 부주의가 비밀보장의 위반을 낳은 것이다. 내담자에게 연락하는 경우도 내담자가 자신이 상담받고 있다는 것을 가족들에게 알리고 싶어 하지 않는 경우도 있으므로, 내담자가 허락하지 않는 한 상담자라는 것을 다른 가족들에게 알리지 않아야 한다.
- 내담자의 정보를 컴퓨터 파일의 형태로 컴퓨터에 보관하는 경우, 이 컴퓨터는 인터넷과 연결되지 않도록 하는 것이 내담자 정보의 보호를 위해 도움이 된다. 인터넷과 연결된 프로그램에 내담자 정보를 보관한다면 외부인의 해킹이나 다른 접촉에서 상담관련 정보를 보호하도록 충분한 보호 장치를 해야 한다.
- 컴퓨터의 사용과 관련해서, 상담이 종결된 내담자 파일의 처리 기준을 마련하는 것이 좋다. 즉, 상담이 종결된 내담자의 파일은 언제 제거할 것인지, 이 파일에 접근 가능한 사람을 누구로 할 것인지 등에 대한 기준이 필요하다.

앞서 제시한 경우는 주로 상담자가 내담자 정보의 비밀보장과 관련해 주의해야 할 사항들인데, 특히 자료의 보관과 관련한 사항은 상담자가 주의 깊게 다룰 필요가 있다. 상담자는 접수 면접, 사례 개념화, 사례 기록지, 검사 결과 및 검사 결과의 해석지, 상담 종결 보고서 등 내담자에 관한 다양한 기록을 갖게 된다. 상담자와 상담기관은 내담자의 기록을 보관하는 데 대한 기준이 있어야 하며, 종결된 사례와 관련해 몇 년간 어떤 방식으로 어떤 자료를 보관하는지에 대한 기준도 갖고 있는 것이 좋다. 미국의 경우는 각 주별로 내담자의 사례 기록과 관련해 몇 년간 보관해야 하는지에 대한 법적 기준을 마련하고 있지만 우리나라의 경우는 아직 제도적 정비가 이루어져 있지 않다. 학회 수준에서 자료의 보관 및 폐기와 관련된 지침을 마련하는 것도 자료 보관의 전문성을 높이기 위한 한 가지 방법이 될 것이다.

한편, 상담자가 아니더라도 상담기관에서 일하는 다른 직원들도 상담관련 정보를 접하게 되는 경우가 많다. 예를 들어, 상담 접수실에서 일하는 행정직 직원의 경우, 내담자의 이름을 확인하거나 상담관련 통계를 내기 위해 내담자의 상담 파일에 접근이 가능하며, 내담자가 접수실에서 상담 신청서, 정보에 근거한 상담 동의서 등을 작성한다면 이런 자료를 수합하는 과정에서 내담자의 문제에 대한 정보도 얻게 된다. 따라서 비밀보장은 상담기관에서 일하면서 내담자에 대한 정보를 접하게 되는 직원들도 지켜야 할 사항이며, 이런 경우 상담전문가의 윤리적 의무에는 직원들에게 관련된 윤리규정을 교육하는 것을 포함한다. 한국상담심리학회(2005a)의 상담심리사 자격규정에서도 상담심리사는 고용인, 지도감독자, 사무보조원, 자원봉사자에게 비밀보장과 사생활 보호에 관한 사항을 교육할 것을 명시하고 있다.

5) 특별한 상담 상황에서의 비밀보장

개인상담과 비교해서 상담의 형태나 상담이 이루어지는 상황이 달라서 비밀보장이 더 어려워지는 경우가 있다. 상담의 형태 중 가족상담과 집단상담은 상담에 관여되는 사람이 많아지므로 비밀보장을 지키기가 더 어렵다. 특히 집단상담의 경우는 집단원들이 집단에서 알게 된 다른 집단원에 대한 정보에 대해 비밀유지를 해야 하는데, 집단의 구성원이 늘어날수록 개인상담보다 비밀보장이 쉽게 깨질 수 있다. 가족상담과 집단상담의 경우 때때로 내담자들이 개인면접을 요청하는 경우가 있는데, 상담자는 개인면접에서 얻은 정보와 가족상담이나 집단상담에서 얻는 정보를 구분해서 다룰 필요가 있다. 아동이나 청소년상담은 부모가 아동의 상담 내용에 대해 알고 싶어 하는 경우가 많고, 이때 상담자가 아동상담 내용에 대한 비밀보장에 어려움을 느끼게 된다. 가족상담과 집단상담에서의 비밀보장의 문제는 이에 대해 다루고 있는 이후의 장에서 좀 더 자세히 다루어질 것이다.

온라인상담은 매체의 특성 때문에 비밀보장이 깨지기 쉬운 경우다. 온라인상담은 주로 온라인상담을 위한 게시판, 이메일 등을 통해 이루어진다. 온라인상담 게시판을 통해 상담이 이루어지는 경우는, 내담자의 상담 내용에 대해 다른 이용자들이 쉽게 접근할 수 있다는 문제가 있다. 내담자의 상담 내용이 다른 내담자에게 공개되지 않도록 게시판이 설치되어 있다고 하더라고 이러한 장치가 쉽게 깨질 수 있는 문제도 있다. 인터넷이라는 특성 때문에 정보가 쉽게 타인에게 노출될 가능성이 높은 것은 이메일을 이용해 내담자와 의사소통하는 경우도 마찬가지다. Frankel(2000; Corey, Corey, & Callanan, 2007에서 재인용)은 이메일을 통한 내담자와의 접촉을 첫째, 내담자와 전문적 관계가 이미 있을 때, 둘째, 이메일을 이용한 내담자와의 의사소통에 대해 상담에 대한 동의 과정에서 이미 다루었을 때, 셋째, 상담 약속과 같은 매우 기본적인 정보의 교환에 관한 것일 때만 이용할 것을 제안하였다.

6) 맺는 말

비밀보장은 상담자의 윤리적, 법적 의무로, 상담에서 상담자-내담자 간 신뢰 관계를 구축하고 내담자가 상담에서 전문적인 도움을 얻도록 하는 데 바탕이 된다. 그런데 상담에서의 비밀보장은 내담자가 해를 입을 위험이 있거나 제3자가 위험에 처할 가능성이 있을 때 내담자나 타인의 보호가 비밀보장에 우선하며, 아동학대가 진행되는 경우도 마찬가지로 아동의 보호가 비밀보장에 우선하는 제한적인 것이다. 따라서 상담자는 상담의 진행 과정에서 비밀보장이 지켜지도록 세심한 주의를 기울이는 한편, 상담 초기에 내담자에게 상담에서의 비밀보장이 한계를 가진 것임을 알려서 내담자가 이와 같은 한계를 아는 상황에서 상담에 참가하도록 해야 한다. 이로써 내담자는 자신이 상담에서 개방할 내용을 스스로 선택할 수 있을 것이다.

우리나라의 경우는 상담에서의 비밀보장에 대한 상담자의 인식 및 실천뿐만 아니라, 상담과 관련된 행정 기관에도 이를 적극적으로 알리고 관련인들을 교육하는 것이 필요하다. 예를 들어, 국가의 지원을 받는 상담기관이 있다면 관련된 행정 기관에서 경비 지원을 위해 상담 정보 개방을 요구할 수 있다. 혹은 학교에서 담임교사에게 학급의 학생을 개별 상담하도록 하고 그 내용을 교육청에 보내도록 하는 경우도 있다. 이런 경우 상담자는 상담에서의 비밀보장이 상담의 효과와 직결됨을 관련인들에게 적극적으로 알리고, 어쩔 수 없는 경우라면 내담자의 정보를 최대한 보호하면서 최소한의 정보만 공개하도록 해야 한다.

4. 상담 관계

상담자－내담자 간의 상담 관계는 내담자의 복지를 증진하기 위해 상담자가 맺는 전문적 관계로, 상담의 효과에 영향을 주는 중요한 요소다. 따라서 전문적인 상담 관계의 위반에 관련된 쟁점들은 상담자 윤리의 중요한 관심사가 되어 왔다.

상담에서의 다중 관계는 상담자-내담자 간의 관계에서 전문적 관계 이외에 다른 관계가 존재하는 경우를 말한다. 상담자-내담자 관계 이외의 다른 관계는 주로 친구를 포함한 사회적 관계, 금전 거래를 포함하는 경제적 관계, 사업상의 관계, 상담 이외의 다른 전문적 관계를 포함한다. 이와 같은 관계는 상담 관계와 동시에 일어날 수도 있고 상담 관계가 시작되기 전이나 끝난 후에 생길 수도 있는데, 시기에 상관없이 다중 관계에 해당한다. 다중 관계는 흔히 관계에서 경계의 위반(boundary violation)이라고도 표현되는데, 경계의 위반은 경계의 교차(boundary crossing)와는 구분될 필요가 있다. 경계의 위반은 상담자가 윤리강령에 반해서 비윤리적인 다중 관계를 맺고 있음을 뜻하는 데 반해, 경계의 교차는 상담 관계를 규정짓는 전통적인 외적 경계를 넘어 내담자를 돕기 위한 선하고 건설적인 관계를 맺는 것을 뜻한다.

미국심리학회의 윤리강령(APA, 2002)은 내담자와의 다중 관계가 상담자의 심리적 객관성을 해치거나, 상담자 역할의 효과적인 수행에 해가 된다고 판단되는 경우에 상담자는 내담자와 다중 관계를 맺어서는 안 되는 것으로 규정한다. 다만, 내담자와의 다중 관계가 상담자의 전문적 행동을 손상시키지 않거나, 내담자를 이용하거나 내담자에게 해를 끼치는 경우가 아니라면 다중 관계 자체가 비윤리적이라고 여기지는 않는다. 우리나라 관련 학회의 상담 관계에 관한 윤리규정은 〈표 2-4〉와 같다. 한국상담학회와 한국상담심리학회의 관련 규정에서

〈표 2-4〉 상담 관계에 관한 관련 학회 규정

한국상담학회(2002)
5. 상담 관계 (1) 상담자는 상담수혜자와의 친밀한 관계를 인식하고, 상담수혜자에 대한 존중감을 유지하며 상담수혜자를 이용하여 상담자 개인의 필요를 충족하고자 하는 활동 및 행동을 해서는 안 된다. (2) 상담자는 상담 전에 상담 관계에 영향을 줄 수 있는 상담의 목표, 기술, 규칙, 한계 등에 관해서 상담수혜자에게 알려 주어야 한다. (3) 상담자는 객관성과 전문적인 판단에 영향을 미칠 수 있는 이중 관계와 성적 관계를 피해야 한다. 특히 상담 관계가 종결된 이후에도 최소 2년 내에는 상담수혜자와 성적 관계를 맺지 않는다.
한국상담심리학회(2005a)
4. 상담 관계 가. 이중 관계 (1) 상담심리사는 객관성과 전문적인 판단에 영향을 미칠 수 있는 이중 관계는 피해야 한다. 가까운 친구나 친인척 등을 내담자로 받아들이면 이중 관계가 되어 전문적 상담의 성과를 기대할 수 없으므로, 다른 전문가에게 의뢰하여 도움을 준다. (2) 상담심리사는 상담할 때에 내담자와 상담 이외의 다른 관계가 있다면, 특히 자신이 내담자의 상사이거나 지도교수 혹은 평가를 해야 하는 입장에 놓인 경우라면 그 내담자를 다른 전문가에게 의뢰한다. 그러나 다른 대안이 불가능하고 내담자의 상황을 판단해 볼 때 상담 관계 형성이 가능하다고 여겨지면 상담 관계를 유지할 수도 있다. (3) 상담심리사는 특별한 경우를 제외하고는, 내담자와 상담실 밖에서 사적인 관계를 유지하지 않도록 한다. (4) 상담심리사는 내담자와의 관계에서 상담료 이외의 어떠한 금전적, 물질적 거래 관계도 맺어서는 안 된다. 나. 성적 관계 (1) 상담심리사는 내담자와 어떠한 종류든 성적 관계는 피해야 한다. (2) 상담심리사는 이전에 성적인 관계를 가졌던 사람을 내담자로 받아들이지 않는다. (3) 상담심리사는 상담 관계가 종결된 이후 최소 2년 내에는 내담자와 성적 관계를 맺지 않는다.

도 상담자와 내담자가 상담 관계 이외의 이중 관계를 맺는 것이 상담자의 전문성과 객관성에 영향을 미칠 수 있다고 판단되는 경우 이중 관계를 맺지 말 것을 규정하고 있다. 여기에서도 상담 관계 이외의 관계는 성적 관계, 친구나 친척 관계, 금전 관계 등을 포함하는 것으로 정의된다.

상담에서 다중 관계가 금지되는 이유는 기본적으로 다중 관계가 상담자의 객관성에 영향을 주어서 내담자를 돕는 상담자의 역할에 방해가 될 가능성이 많다고 보기 때문이다. 다중 관계를 금지하는 규정은 결국 내담자에 대한 복지의 증진과 무해성의 원칙, 상담 관계에서 내담자 자율성의 존중이 그 바탕이 된다.

1) 다중 관계에 관한 상담자의 의사결정

다중 관계에 관한 윤리규정에서 어려운 점은 모든 다중 관계가 기계적으로 비윤리적인 것으로 치부되지는 않는다는 점이다. 다중 관계는 어쩔 수 없이 맺게 되는 경우가 있고, 특정한 상황에서의 다중 관계가 윤리적인가 그렇지 않은가의 여부는 어느 정도 상담자의 판단에 달려 있다. Welfel(2006)은 상담자가 자신이 맺으려고 하는 다중 관계가 윤리적인지를 판단할 때 다음의 세 가지 측면에서 관계를 검토해 볼 필요가 있다고 하였다. 첫째, 상담 관계의 본질은 상담자-내담자 간 신뢰 관계(fiduciary relationship)이고, 신뢰 관계는 내담자의 복지를 증진시키는 가장 기본적인 요소다. 상담자가 내담자와 다중 관계를 맺으려는 것은 내담자의 복지를 증진시키려는 의도보다 상담자 본인의 욕구를 충족시키려는 의도로 진행될 수 있다. 따라서 상담자는 내담자와 상담 이외의 관계를 고려할 때, 이것이 상담자의 욕구를 충족시키기 위한 것이 아닌지 먼저 검토해 보아야 한다.

둘째, 상담 과정에서 내담자는 상담에 대해 정서적으로 깊이 개입된다는 점도 상담자가 고려해 보아야 한다. 상담자-내담자의 치료적 관계는 내담자가 상담에 대한 확신과 신뢰를 갖게 하는 바탕이다. 그런데 내담자가 상담자와 개인적인 접촉을 하게 되면서 상담자의 비밀을 알게 되거나, 일상생활에서 상담자와 접하면서 언제 상담이 시작되고 끝나는 것인지 혼동을 느낄 수 있고, 상담자의 특정한 반응이 전문적 반응인지 개인적인 반응인지에 대해서 혼란을 겪을 수도 있다. 내담자의 정서적 개입과 이에 따른 혼란은 내담자가 상담자와의 관계에서 도움을 받는 데 방해 요소가 될 수 있다.

셋째, 상담자는 상담 관계에 내재된 상담자-내담자 간 힘의 불균형에 대해 고려해 보아야 한다. 상담 관계는 내담자가 정서적으로 취약한 상태에서 상담자에게 도움을 구하러 와서 형성되므로, 이 관계에서는 상담자가 전문가라는 면에서 힘을 많이 갖게 된다. 이러한 힘의 불균형 때문에 상담자가 상담 이외의 관계를 요구할 때(예를 들어, 상담이 끝나고 차를 한 잔 같이 할 수 있냐고 물어보는 것에서 성적 접촉에 이르는 다양한 상황), 내담자는 상담자의 요구가 이상하다고 생각하면서도 거절하기 어려울 수 있다. 내담자는 마음에 들지 않지만 상담자의 요구를 거절하는 것이 예의가 아니라고 생각하거나, 많은 부담을 느끼거나, 어떤 경우는 상담자로부터의 유기 불안(fear of abandonment)을 경험하기도 할 것이다. 따라서 상담자는 상담 관계의 이와 같은 본질적인 측면을 고려한 후, 내담자에게 해가 없거나 새로운 관계가 상담자의 이익을 위해 이루어지는 것이 아니라는 판단이 들 때 필요하다면 다중 관계를 맺을 수 있다.

이러한 고려 사항에 더해서 Welfel(2006, p. 161)은 다중 관계를 맺기 전 상담자가 다음의 질문들을 해 보는 것이 도움이 된다고 하였다.

- 상담자-내담자 관계에서 내담자 복지의 증진이 그 관계를 시작하는 유일한 동기인가?
- 다중 관계가 맺어진 경우도 다른 내담자와의 관계에서처럼 상담자의 객관성과 능력을 유지할 수 있는가?
- 상담자가 힘을 잘못 사용할 가능성이 있는가?
- 다중 관계가 내담자에게 위험 부담을 줄이고 이익을 많이 주는가?
- 다중 관계가 상담에 정서적으로 관여하는 내담자의 능력에 영향을 주지는 않는가?
- 다중 관계는 피할 수 없는 상황인가?
- 상담자가 상담자-내담자 관계의 경계를 넘어서려 한다면, 상담에서 이러한 정보가 내담자에게 주어졌는가?

- 상담자와 내담자는 관계에서의 변화가 상담 관계에 미칠 영향에 대해 논의했는가?
- 상담자의 동료에게 다중 관계에 관한 결정 사항을 말하면 이들도 동의하겠는가?
- 상담자가 다중 관계에 대해 사례 기록지에 기꺼이 기록할 수 있는가?
- 상담자는 다중 관계가 진행됨에 따라 생길 수 있는 문제에 대해 자문이나 수퍼비전을 받을 수 있는가?

위의 질문들에 따르면, 다중 관계를 맺는 것이 피할 수 없고 내담자의 이익을 위한 것이라는 확신이 있을 때 다중 관계는 허용될 수 있다. 또한 상담자는 다중 관계가 상담에 미칠 영향, 내담자에게 미칠 잠정적 위험과 이득에 관해 상담에서 내담자와 함께 다루고, 다중 관계를 맺을지에 관한 결정에 이런 논의의 결과를 반영되어야 한다. 상담자가 다른 동료들도 같은 상황에서 유사한 결정을 하거나, 자신의 결정을 지지할 것이라는 확신이 있을 때 다중 관계는 윤리적이라고 평가된다.

2) 상담자-내담자 관계에서 경계 지키기의 어려움

상담에서 상담자-내담자 간 다중 관계가 내담자에게 잠정적으로 미칠 수 있는 피해와 이에 대한 경고에도 불구하고, 내담자와의 성적 접촉을 포함한 다중 관계 관련 상담자 윤리강령 위반으로 상담자 면허에 대해 징계가 주어진 경우는 1983~

2005년 미국의 상담자 면허 관련 전체 징계 건수 3,471건 중 866건으로 1위를 차지하였다(DeMers, 2005; Pope & Vasquez, 2007에서 재인용). 그렇다면 상담자들이 명백하게 다중 관계에 관한 윤리규정을 알고 있고, 이 규정의 위반이 상담자와 내담자에게 미치는 잠정적인 피해에도 불구하고 빈번하게 이 규정을 위반하는 이유는 무엇인가?

Pope와 Vasquez(2007)는 상담자가 상담자-내담자 간 경계를 지키기 어려운 이유로 다음의 몇 가지를 들었다. 먼저 상담자-내담자 간 경계를 허물게 되는 상황이 상담자가 준비되지 않은 상태에서 돌발적으로 나타날 수 있다는 것이다. 예를 들어, 가출해서 위험한 상황에 처한 내담자를 위해 새벽에 여러 곳을 찾아다녀 내담자를 찾아낸 후 쉼터로 데리고 온다든가 하는 경우도 그중 하나일 것이다. 이때 상담자는 상담자-내담자 간 경계를 생각하기 전에 내담자의 안전을 우선 생각해서 행동하게 된다. 둘째, 상담자-내담자 간 경계를 허물고 새로운 관계를 만드는 것이 상담자의 가장 기본적인 욕구—외로움, 애정에의 욕구, 성적 욕구 등—를 충족시키는 일일 때가 많기 때문이다. 때때로 상담자는 이러한 자신의 욕구를 내담자에게 투사하고 마치 내담자의 욕구인 것처럼 가장해 다중 관계를 맺기도 한다. 셋째, 상담자가 다중 관계에 대한 윤리규정을 잘못 이해하고, 융통성 없는 관계를 모든 관계에 적용하기도 하는데, 이러한 행동도 윤리적으로 옳다고 볼 수는 없다. 상담자의 이와 같은 행동의 이면에는 윤리규정의 위반에 대한 공포가 있을 수도 있다. 보다 윤리적인 행동은 상담자가 내담자의 복지와 피해를 고려해 개개인에게 최선의 관계가 무엇인지를 생각하고 이에 따라 행동하는 것이다. 마지막으로 대학원의 윤리교육에서 다루어지는 윤리적 갈등에 대한 대처 교육이 실제 상담에서 일어날 수 있는 경계의 문제를 충분히 다루고 있지 못하다고 보았다.

3) 다중 관계에 대한 상담자의 인식

다양한 다중 관계에 대한 상담자들의 인식을 살펴본 Borys와 Pope(1989)의 연구에서는 미 전역의 4,800명의 상담자, 정신과 의사, 사회복지사를 대상으로 이중 관계, 내담자와의 사회적 관계, 금전적 관계, 우연한 사건들에 대하여 주어진 행동의 윤리성에 대한 평가와 평소 자신이 유사한 상황에서 어떻게 행동하는지에 대해 조사하였다. 이 연구에서 사용된 구체적인 상황과 그 상황에 대한 응답자들의 반응은 〈표 2-5〉와 같다.

〈표 2-5〉에서 나타난 것과 같이, 상담자들은 대부분의 행동에 대해 그 행동이 윤리적인지의 여부가 상황에 따라 달라진다고 보았다. 다만, 내담자에게 물건을 파는 것(70.8%), 피고용인을 상담하는 것(57.9%), 상담이 종결된 내담자와의 성적 관계(68.4%), 내담자와 성적 관계를 맺는 것(98.3%), 내담자를 상담자의 파티나 사교 모임에 초대하는 것(63.5%)에 대해서는 대다수의 상담자가 항상 비윤리적이라고 대답하였다. Borys와 Pope(1989)는 이 결과에 더하여 주어진 상황에 대한 윤리성의

〈표 2-5〉 다중 관계와 관련된 상담자 행동에 대한 윤리성의 평가(N=1,108) (Borys & Pope, 1989)

문 항	항상 비윤리적	간혹 윤리적	어떤 경우에 윤리적	대부분 윤리적	항상 윤리적
1. 10,000원 이하의 선물을 받는 것	3.0	13.0	38.4	40.1	5.0
2. 특별한 경우에 내담자의 초대를 받아들이는 것	6.3	26.3	41.0	20.8	4.6
3. 상담의 대가로 서비스나 물건을 받는 것	21.4	30.0	28.2	12.7	2.7
4. 상담 종결 후 내담자와 친구가 되는 것	14.8	38.4	32.0	10.2	2.1
5. 내담자에게 물건을 파는 것	70.8	18.0	7.5	0.9	0.3
6. 50,000원이 넘는 선물을 받는 것	44.9	37.0	13.1	1.4	0.8
7. 피고용인을 상담하는 것	57.9	26.2	10.9	2.1	0.2
8. 상담이 종결된 내담자와의 성적 관계	68.4	23.2	4.2	0.6	0.3
9. 상담자의 스트레스를 내담자에게 자세히 얘기하는 것	26.0	39.3	29.5	2.9	1.3
10. 상담실 개업에 내담자를 초대하는 것	26.6	24.7	21.5	15.4	5.8
11. 내담자를 고용하는 것	49.9	29.5	14.5	2.8	1.2
12. 상담 후 내담자와 함께 식사하는 것	43.2	37.9	13.6	2.4	0.8
13. 내담자에게 물건이나 서비스를 사는 것	36.7	35.4	20.6	4.7	0.7
14. 내담자와 성적 관계를 맺는 것	98.3	0.5	0.0	0.1	0.6
15. 내담자를 상담자의 파티나 사교 모임에 초대하는 것	63.5	29.2	4.6	0.7	0.5
16. 친척, 친구, 현 내담자의 연인 등을 상담하는 것	12.6	21.4	38.8	21.4	4.2
17. 현재 학생이나 수퍼바이저를 상담하는 것	44.4	31.0	16.0	5.4	1.0
18. 내담자가 상담자의 수업을 듣도록 하는 것	39.0	28.0	18.0	7.6	1.9

지각이 응답자의 배경 변인에 따라 달라지는지를 추가로 분석하였다. 그 결과, 상담자의 성별에 따라 상황의 윤리성에 대한 지각이 달라지는 것으로 나타났다. 예컨대, 남자 상담자는 여자 상담자에 비해 내담자(특히 여자 내담자)와의 성적 이중 관계 및 사회적/금전적 관계, 전문가로써의 이중 역할(예: 상담자와 교수 등) 등에 대해 보다 윤리적으로 지각하는 경향이 있는 것으로 나타났다.

4) 내담자와의 성적 관계

학회의 관련 규정에서는(한국상담학회, 2002; 한국상담심리학회, 2005a; APA, 2002) 상담자가 현재 내담자와 성적 관계를 맺는 것을 엄격히 금지하고 있다. 이 규정은 내담자와의 성적 관계가 내담자의 복지를 향상시키기 위한 것이라기보다는 대부분 상담자 자신의 욕구를 충족시키기 위한 것이며, 설사 내담자를 위한 것으로 보이더라도 궁극적으로 내담자에게 해가 되는 경우가 대부분이라는 인식에 근거한다.

상담자-내담자 간 성적 관계는 주로 남자 상담자-여자 내담자의 관계에서 많이 일어난다. 미국심리학회(APA, 2003b)의 보고에 따르면, 2002년 한 해 동안 윤리적 위반 사항의 53%는 성적 경계의 위반에 관한 것이었고, 이 사례들은 모두 남자 상담자-여자 내담자 사이에서 발생하였다. 보다 최근인 2005년 한 해 동안 미국심리학회의 윤리위원회에서 다룬 사례를 보면(APA, 2006), 전체 사례의 51%가 성적 경계의 위반에 관한 것으로 2002년과 그 정도가 비슷하게 유지됨을 알 수 있다.

〈표 2-5〉에서 제시된 Borys와 Pope(1989)의 연구 결과에서 보듯이, 상담자들은 현재 내담자와의 성적 관계에 대해서 98.3%가 비윤리적인 행동이라고 응답하였다. 상담자와 내담자 간 성적 관계는 내담자에게 다양한 해를 입힌다. 여기에는 상대성에 대한 불신, 상담자와 상담 과정에 대한 불신, 내담자의 친밀한 관계에서의 성적 관계의 악화, 죄의식, 우울, 분노 등이

포함된다. 상담자-내담자 간 성적 접촉이 생기면 상담자는 내담자에게 전문적인 도움을 주는 것이 어려우며, 이 관계가 끝난 후 내담자는 자신이 상담자에게 이용당했다는 느낌을 갖기 쉽다. 상담에서의 성적 접촉은 상담자가 그러한 관계를 시작하였을 때 내담자에게 더 해로운 것으로 보고되고 있다.

실제 상담에서는 종종 내담자가 상담자에게 성적 관계를 시작할 것을 먼저 요구하는 경우가 있다. 이런 경우 상담자들은 내담자와의 성적 관계가 비윤리적이고, 내담자에게 도움이 되지 않으며, 비전문적이고, 상담자의 가치와 충돌한다거나, 상담자에게 이미 의미 있는 관계가 있다거나 하는 대답으로 내담자의 요구를 거절하는 것으로 나타났다(Pope & Vetter, 1991).

현재 내담자와의 성적 관계가 금지되는 것처럼, 학회의 관련 규정은 과거의 내담자와 상담자 간의 성적 관계도 기본적으로는 금하고 있다. 다만, 상담 종결 시점에서 의도된 것이 아니라면 상담 종결 후 2년이 지난 후에는 내담자와의 성적 접촉이 비윤리적인 것은 아니라고 규정하고 있다. 하지만 내담자가 그 관계에서 해를 입을 가능성에 대해 상담자가 평가하고 내담자가 해를 입지 않을 것이라고 판단될 때만 성적 관계가 허용된다. 미국심리학회의 윤리강령(APA, 2002)은 내담자의 문제력, 내담자와 상담자의 현재 기능 상태, 과거 상담의 강도 및 지속 기간, 상담 종결 시점에서의 상황 등을 고려하여 내담자가 상담자와의 새로운 관계에서 해를 입지 않을 것이라는 판단을 상담자가 하고 그 책임을 져야 한다고 기술하고 있다.

5) 성적 관계 이외의 내담자와의 다중 관계

성적 관계 이외의 내담자와의 다중 관계에는 내담자와 친구가 된다든지, 함께 취미생활을 하게 된다든지, 내담자와 금전 거래를 하는 것 등이 포함된다. 상담 윤리와 관련해서 많이 다루어지는 것은 내담자로부터 고마움의 표시로 상담자가 받는 선물에 관한 내용과, 내담자에게 물건을 팔거나 내담자의 물건이나 서비스를 사는 것 등 내담자와 금전적 관계를 맺는 것에 대한 내용이 많다.

내담자와 금전적 관계를 맺는 대표적인 경우는 상담자가 새로 나온 자신의 책이나 비디오를 내담자에게 판다든지, 내담자가 제공하는 서비스나 물건을 상담자가 산다든지 하는 경우다. 예를 들어, 상담자가 우연히 들른 자동차 정비소나 미용실에서 내담자가 일하고 있다면, 상담자가 처음에는 의도하지 않았지만 내담자와 상담자-내담자 관계 이외에 주인-손님의 관계를 맺게 되는 것이다.

이와 유사하지만 조금 다른 경우는 물물교환이다. 즉, 상담 서비스를 제공해 주는 대가로 내담자에게 상담료를 받는 것이 아니라 내담자로부터 물건이나 서비스를 받는 것이 물물교환에 해당한다. 한국상담심리학회(2005a)의 윤리규정은 상담자가 내담자와 상담료 이외의 어떠한 금전적, 물질적 거래 관계도 맺어서는 안 된다고 규정하고 있으나, 한국상담학회(2002)의 윤리규정에는 내담자와의 금전적 관계에 대해서 구체적인 언급이 없다. 미국심리학회(2002)의 윤리강령에는 물물교환이 임상적으로 금기시되는 부분이거나, 혹은 그러한 계약이 내담자에게 착취적으로 이용되지 않는 경우에 상담자가 상담서비스에 대한 대가로 내담자로부터 물건이나 서비스를 받는 것을 허용한다.

물물교환은 처음에는 공정해 보이지만, 상담이 진행됨에 따라 상담자나 내담자의 어느 한쪽에서 자신이 더 값비싼 서비스를 제공하는 것으로 생각하기 시작할 때 상담 관계나 상담의 진행을 어렵게 한다. 예를 들어, 상담자가 상담을 제공하는 대가로 차 정비를 받기로 한 경우에, 차 정비는 지속적으로 받으면서 상담에서 성과가 분명하게 드러나지 않는다면 내담자는 자신이 뭔가 손해 보는 느낌을 가질 수 있고 이러한 느낌들은 상담에 영향을 미치게 될 것이다. 상담자 입장에서도 물물교환을 하기로 함과 동시에 상담이 그만큼의 가치가 있음을 증명해야 하는 짐을 지게 된다.

물물교환이 상담에 미칠 수 있는 복잡한 영향에도 불구하고, 물물교환은 어떤 경우에 상담자가 내담자의 복지를 위해 택할 수 있는 한 가지 방법이 되기도 한다. Borys와 Pope(1989)의 연구에서도 상담 서비스에 대한 대가로 내담자에게 물건이나 서비스를 받는 것이 항상 비윤리적이라는 응답이 21.4%인데 반해, 상황에 따라 그 윤리성이 판단된다는 응답이 70.9%로 대부분을 차지한다. 상담에서 도움이 필요한 내담자가 상담료를 낼 돈이 없을 때, 상담에 대한 대가로 내담자로부터 물건이나 서비스를 받는 것이 하나의 고려 대상이 된다. 이때 무료 상담기관에 내담자를 의뢰할 수도 있지만, 이마저 불가능하다면 물물교환을 검토해 볼 수 있다. 내담자의 복지의 증진과 물물교환이 상담에 미치는 영향을 고려해서, 부정적인 영향에 비해 내담자 복지 증진의 가능성이 더 크게 평가되거나, 상담을 받지 않음으로써 내담자가 받을 해가 줄어들 수 있다면 물물교환도 하나의 대안으로 고려될 수 있을 것이다.

6) 내담자의 선물

상담자들은 상담이 진행되는 동안, 혹은 상담이 종결되었을 때 종종 내담자로부터 선물을 받는 경험을 하게 된다. 내담자로부터 받는 선물에 대해 한국상담학회, 한국상담심리학회, 미국심리학회의 윤리규정에는 별다른 사항이 포함되어 있지 않지만, 미국상담학회(ACA, 2005)의 윤리규정에는 상담자가 선물을 받을 때 상담 관계, 선물의 가격, 내담자가 선물을 주는 동기, 상담자가 선물을 받아들이거나 거절하려는 동기 등을 고려하여 선물에 대한 처리를 결정하는 것이 좋다고 되어 있다. Borys와 Pope(1989)의 연구에서 상담자들은 10,000원 이하의 선물을 내담자로부터 받는 것에 대해서는 40.1%가 대부분의 경우 윤리적이라고 응답한 데 반해, 50,000원 이상의 선물을 받는 것은 44.9%가 항상 비윤리적이라고 응답해 선물을 받는 행동의 윤리성은 선물의 금액과도 관련이 있는 것으로 보았다.

내담자가 상담자에게 선물을 하는 데는 다양한 동기가 있을 수 있다. Welfel(2006)은 내담자의 선물은 다른 내담자에 비해 본인에게 더욱 특별한 서비스를 제공해 달라는 뇌물성의 선물일 수도 있고, 아니면 선물을 하는 것 자체가 내담자의 문제를 나타내는 것일 수 있다고 보았다. 이런 경우에 상담자가 선물을 받으면 내담자의 책략에 말려들어가게 되어 상담에서 변화를 나타내기 어려워진다. 반면에 내담자가 상담에서 도움을 받아 상담자에 대한 고마움의 표시로 선물을 한다면 이런 선물은 상담자가 받더라도 상담 관계나 상담 과정에 해를 입히지는 않을 것이다. Borys와 Pope(1989)의 연구에서 상담자들이 선물을 받는 행동의 윤리성이 선물의 금액과 관련되어 있다고 보는 것도, 선물의 금전적 가치가 내담자의 동기와 관련되어 있을 수 있기 때문이라고 여겨진다.

상담자가 내담자의 선물을 받을지를 결정하는 데는 Corey, Corey와 Callanan(2007)이 제안한 다음의 몇 가지 사항을 고려하는 것이 도움이 된다. 먼저 선물을 받는 것이 내담자의 복지를 증진시키는지, 아니면 해를 입히는지에 대한 것이다. 내담자의 복지를 증진시키는지의 여부는 상담자가 선물을 받음으로써 상담자로서의 객관성에 영향을 받아 상담 서비스의 전문성에 훼손을 입을 가능성이 있는지의 문제와 관련된다. 상담자는 내담자의 선물이 상담 서비스의 질에 영향을 주지 않는다고 판단될 때 선물을 받는 것이 좋다. 또한 상담자는 선물의 금전적 가치와 함께, 선물을 주는 것이 내담자가 속한 문화에서 자연스러운 일인가 하는 점도 함께 고려할 필요가 있다. 끝으로 작은 금액의 선물이라도 내담자가 자주 선물을 하는 것은 상담에서 고려의 대상이 되어야 한다. 작은 선물이더라도 반복적으로 내담자가 선물을 가지고 온다면 그 선물의 의미를 상담에서 다룰 필요가 있다.

7) 건강한 상담자-내담자 관계의 유지

상담자가 다중 관계에 대해 가장 많이 가지고 있는 오해는 '나에게는 그런 일이 생기지 않는다.'는 것이다(Norris, Gutheil, & Strasburger, 2003; Cottone & Tarvydas, 2007에서 재인용). 상담자는 자신에게 상담자-내담자 관계의 경계를 위반하는 일이 일어나지 않을 것이라는 확신을 갖기보다는 이런 상황에 누구나 접할 수 있다는 것을 알고 경계를 위반하지 않도록 노력하는 것이 더 바람직하다.

Cottone과 Tarvydas(2007)는 건강한 상담자-내담자 관계의 유지를 위해 상담자가 다음의 몇 가지에 대해 노력할 필요가 있다고 하였다. 먼저 상담자는 내담자에 대한 온정을 유지하고 내담자의 욕구에 민감하며 흥미를 보여 주어야 하지만, 내담자가 상담자에게 의존하도록 해서는 안 된다. 상담자는 내담자와의 관계에서 신체적 경계를 유지해야 하는데, 이를 위해 내담자는 물론 상담자가 상담시간에 어떤 옷을 입는지, 내담자와 신체적 접촉이 얼마나 자주 있는지(혹은 치료적인 신체 접촉인지 아닌지)에 민감할 필요가 있다. 정서적-심리적 경계의 면에서 상담자는 밀착된 관계, 힘/통제의 이슈, 연애 감정

등을 피해야 하고, 문제가 생기면 내담자와 함께 해결하려고 노력할 필요가 있다.

Pope와 Vasquez(2007)가 지적하였듯이, 상담자는 정서적인 외로움과 생활에서의 스트레스를 겪을 때 보다 쉽게 내담자와 다중 관계를 맺게 된다. 상담자의 생활에서 스트레스가 많으면 상담자는 내담자의 복지와 자신의 전문적 행동에 대한 민감성이 떨어지고, 내담자와의 관계에서 위안을 얻으려 할 수 있다. 이런 측면에서 보면 상담자가 자신의 생활을 건강하게 유지하는 것이 다중 관계에 대한 가장 근본적인 대책이 될 수 있다.

5. 다문화 상담

미국 내에서 유색 인종의 수가 늘어나면서 주로 백인으로 구성된 상담자 집단은 상담자와 문화적 배경이 다른 다양한 내담자들을 만나게 되었다. 이 과정에서 상담자가 자신의 방식대로 상담을 진행하는 것이 상담자와 다른 가치, 세계관, 문제 해결 방식을 가지고 있는 내담자들에게 별로 도움이 되지 않는다는 것이 알려졌다. 다문화 상담(multicultural counseling)이란 이렇게 인종이 다른 상담자-내담자 간에 일어나는 상담을 지칭하는 용어로 시작되었으나, 최근에는 상담자-내담자 간 세계관, 가치, 성정체성 등이 다른 상황에서 진행되는 상담을 포함하는 포괄적인 의미로 정의된다.

다문화 상담은 상담자가 내담자의 삶의 경험 및 문화적 가치와 양립할 수 있는 상담의 접근을 사용하고, 이에 따른 상담 목표를 정하여 상담을 진행하는 것을 뜻한다(Sue & Sue, 2003). 이보다 일반적인 정의는 Welfel(2006)의 정의인데, Welfel은 다문화 상담을 상담자와 내담자의 문화적 배경이 다른 모든 상담이라고 보았다. Wright, Corey와 Corey(1989)는 다문화란 민족, 성별, 종교, 사회경제적 지위, 정치적 견해, 성적 선호, 지리적 위치 등이 내담자의 가치, 신념 및 행동에 미치는 영향을 고려하는 것으로 정의하였는데, 문화를 이처럼 포괄적으로 정의하면 거의 대부분의 상담은 다문화 상담의 범주에 포함된다.

1) 다문화 상담관련 윤리규정

다문화 상담과 관련해 한국상담학회(2002)의 윤리규정은 특별한 조항을 두고 있지 않지만, 한국상담심리학회(2005a)에서는 〈표 2-6〉과 같이 다양성 존중과 관련한 규정을 두고 있다.

미국심리학회(APA, 2002)의 윤리규정은 다문화 상담과 관련한 부분을 따로 나누어 다루고 있지 않지만, 상담자의 능력 부분에서 다문화 상담과 관련한 상담자의 능력 및 한계를 다룬다. 즉, 상담의 효과성은 내담자의 나이, 성별, 성정체성, 인종, 민족, 문화, 국적, 성적 선호, 장애, 언어, 사회경제적 지위 등과 밀접하게 관련되므로, 상담자는 충분히 전문적인 서비스를 제공하기 위해서 이와 관련된 훈련, 교육, 자문, 수퍼비전을 받아야 한다는 것이다. 다문화 상담에서 상담자의 능력에 관한

〈표 2-6〉 다양성 존중과 관련한 학회 규정(한국상담심리학회, 2005a)

3. 인간 권리와 존엄성에 대한 존중
   나. 다양성 존중
   (1) 상담심리사는 모든 인간의 기본적인 권리, 존엄성, 가치를 존중하여 연령이나 성별, 인종, 종교, 성적 선호, 장애 등을 이유로 내담자를 차별하지 않는다.
   (2) 상담심리사는 내담자의 다양한 문화적 배경을 이해하려고 적극적으로 시도해야 하며, 상담심리사 자신의 고유한 문화적 정체성이 상담 과정에 어떤 영향을 주는지를 인식해야 한다.
   (3) 상담심리사는 자신의 고유한 가치, 태도, 신념, 행위를 인식하여 그것이 어떻게 다양한 사회에서 적용되는지를 깨닫고 있어야 하고, 내담자에게 자신의 가치를 강요하지 않는다.

이 규정은, 상담자가 내담자에게 해를 입히지 말아야 하며 내담자의 복지를 증진시키기 위해 상담 서비스가 존재한다는 상담 윤리의 철학적 배경과 일관된다. 이에 더해서 상담자는 내담자의 특정한 배경에 따라 내담자를 차별해서는 안 되며, 내담자의 사회문화적 배경과 상관없이 모든 내담자가 골고루 상담의 혜택을 받을 수 있도록 해야 한다는 공정성의 원칙도 다문화 상담과 관련된 중요한 가치다.

다문화 상담에 대한 미국의 상담 윤리규정에서의 큰 발전은 Fouad와 Arredondo가 공동 의장을 맡고 미국심리학회의 상담심리분과(17분과)와 소수민족관련분과(45분과)가 협력해서 개발한 '심리학자를 위한 다문화 교육, 훈련, 연구, 상담, 조직 변화를 위한 지침'(Guidelines on Multicultural Education, Training, Research, Practice, and Organizational Change for Psychologist; APA, 2003a)을 2003년 미국심리학회가 공식적으로 인정한 것이다.

이 지침은 전체 6개의 주제 아래 31개의 세부적인 지침으로 규정되어 있는데, 6개의 큰 주제만 간단하게 보면 다음과 같다. 즉, 주제 1, 2는 상담자가 자신이 문화적 존재라는 것을 알고 자기 인식을 높이는 것, 주제 3은 교육과 훈련, 주제 4는 연구와 상담 실제, 주제 5는 실제 상담에서 상담자들이 문화적으로 적절한 기술을 적용하는 것, 주제 6은 기관의 정책과 변화에 관한 것이다. Arredondo와 Perez(2006)는 다문화 상담과 교육을 위한 이 지침이 상담자들에게 문화적 존재로서 자신을 인식하고 변화하는 데 청사진을 제공할 수 있지만, 문화의 다양한 측면을 포함하면서 앞으로 지침이 계속 발전되어야 한다고 제안하였다.

2) 상담자 윤리강령과 전문가 집단의 가치

상담자 윤리강령은 객관적으로 만들어진다고 하더라도 결국 상담자가 속한 집단의 가치와 편견이 반영되어 있기 마련이다. 이런 면에서 Cottone과 Tarvydas(2007)는 상담자가 윤리강령을 다음의 다섯 가지 면에서 점검해 볼 필요가 있다고 하였다.

첫째, 상담자 윤리강령에 내재된 문화적 가치다. 상담자 윤리강령에서 강조하고 있는 다중 관계의 금지, 내담자의 선택에 대한 존중, 내담자의 고유한 가치에 대한 존중 등은 개인주의-집단주의의 연속선상에서 보았을 때 개인주의의 가치를 드러내고 있는 규정이라는 것이다.

둘째, 문화적 껍질에 싸이게 되는 현상(cultural encapsulation; 문화적으로 캡슐에 싸여 보호되거나 분리됨)이다. 즉, 상담자 윤리강령은 상담자가 가지는 하나의 역할이 다른 역할과 공존할 수 없는 것처럼 규정하고 있는데, 현실에서는 그렇지 않다는 것이다. 예를 들어, 상담자가 내담자와 맺는 몇 가지의 역할이 서로 충돌할 때 이를 분명히 하거나 그 관계에서 철회할 것을 요청하고 있는데, 많은 관계에서 다중 관계는 피하기 어려운 것일 수 있다. 상담자 윤리강령은 상담자의 다양한 역할, 내담자의 개별적인 문화적 배경 등이 서로 떨어져서 독립적으로 존재하는 것처럼 기술하지만, 상담자의 다양한 역할은 항상 분리할 수 있는 것이 아니며 내담자의 문화적 배경도 '이 내담자는 문화적 배경 A에 속하는 사람'으로 간단하게 규정하기 어려울 때가 많다.

셋째, 상담자 윤리강령이 지배 문화의 세계관에 대해 호의적이라는 점이 지적된다. 상담자 윤리강령에서 상담자가 자신의 세계관에 민감해야 하고 자신의 세계관에 따른 상담이 내담자에게 미치는 영향에 대해 알 필요가 있다고 규정한 부분은, 한편으로 상담자의 문화적 자기 인식(self-awareness)이 낮으며, 이 때문에 자신의 한계를 잘 인식하지 못하고 있다는 점을 반영하는 것으로 해석된다.

넷째와 다섯째는 상담자의 자기 조절 문제와 상담자 윤리강령에서 다문화 상담과 관련한 구체적 행동 지침의 부재에 관한 부분이다. 상담자는 알면서도 불공정한 차별적 상담을 해서는 안 된다고 윤리강령에서 규정하고 있으나, 대부분의 차별적 상담은 상담자가 인식하지 못하는 사이에 일어난다. 따라서 상담자 윤리강령은 다문화 상담과 관련한 상담자의 행동을 현재보다는 구체적이고, 행동 중심으로 기술하는 것이 상담 실제에 도움이 된다.

요약하자면, 현재의 상담자 윤리강령은 상담의 실제와 연구를 통해 밝혀진 다문화 상담에 대한 인식을 반영하기 시작하였으나, 여전히 다문화 상담을 주어진 사회의 지배 문화의 가치 기준에서 바라보고 해석한다는 한계를 갖는다. 다문화 상담의 관점에서 현재의 상담자 윤리강령은 좀 더 개선될 필요가 있는데, 무엇보다 먼저 다문화 상담에서 유능한 상담자란 어떤 사람인지를 구체적이고 행동 중심적으로 규정하여 이를 윤리강령에 포함시키는 작업이 요청된다.

3) 다문화 상담에서 상담자의 능력

내담자가 상담에 가지고 오는 호소 문제는 그가 속한 사회문화적 배경과 연관되어 발생한다. 한편, 상담자가 사용하는 상담의 이론과 개입 전략은 모두 서구 문화에서 심리적 문제를 해결하기 위해 발달한 것들이다. 모든 문화는 그 문화에서 문제를 규정하는 방식과 그 문제를 해결하는 방식을 가지고 있다고 가정된다. 이에 따르면, 상담자는 서구 문화에 기초를 둔 문제 이해와 해결의 틀로 다양한 문화적 배경을 가진 내담자의 문제를 해결하려고 하는 셈이다. 여기에서 다문화 상담에서 상담자 능력의 문제가 발생한다.

Arredondo 등(1996)은 다문화 상담에서 상담자에게 상담자 자신의 문화적 가치와 편견의 인식, 내담자의 세계관(worldview)에 대한 인식, 문화적으로 적절한 개입 전략과 기법을 사용하는 세 영역에서의 능력이 필요하다고 보았다. 각 영역은 다시 신념과 태도, 지식, 기술의 세 가지 차원으로 구분되고 각 차원에 대한 능력의 지표도 개발되었다. 예를 들어, 상담자 자신의 문화적 가치와 편견을 인식하는 영역에서, 상담자는 자신의 문화적 배경과 경험이 자신의 태도, 가치, 편견에 미치는 영향을 알아차려야 한다. 지식의 면에서 문화적으로 유능한 상담자는 자신의 문화적 배경에 관한 지식을 가지고 있어서, 자신의 문화적 배경이 정상/비정상의 정의와 상담 과정에 미치는 영향을 인식한다. 상담 기술의 면에서 문화적으로 유능한 상담자는 자신의 능력의 한계를 알고, 다양한 집단과의 상담을 효과적으로 수행하기 위해 교육, 자문, 훈련을 구한다. 세 가지 영역에서 Arredondo 등(1996)이 제시한 상담자 능력의 지표를 간략하게 제시하면 〈표 2-7〉과 같다.

이보다 일반적인 측면에서 Welfel(2006)은 다문화 상담에서 유능한 상담자의 특성으로 다음의 다섯 가지를 기술하였다. 첫째, 유능한 상담자는 다른 문화에 대하여 개방적인 태도를 유지한다. 상담자가 자신이 속한 문화 이외의 다른 문화에 대하여 호기심을 가지고, 그 문화의 가치, 문제의 발생 및 해결 방식 등에 대하여 관심을 가질 때 다른 문화에 대한 이해가 높아질 수 있다. 둘째, 유능한 상담자는 내담자가 속한 특정 문화에 대한 지식을 가진다. 예를 들어, 내담자가 여성이라면 여성이 처한 사회적 현실, 딸과 아들에 대한 양육 방식의 차이,

〈표 2-7〉 다문화 상담에서 상담자 능력의 영역별 지표(Arredondo et al., 1996)

상담자 능력의 영역	차 원	지 표
상담자 자신의 문화적 가치와 편견의 인식	태도와 신념	1. 자신의 문화적 전통에 대한 인식과 민감성이 중요하다는 믿음 2. 문화적 배경과 경험의 이해가 심리적 과정에 대한 태도, 가치, 편견에 영향을 준다는 것을 인식 3. 다문화 상담에서 자신의 능력과 전문성의 한계를 인식 4. 인종, 민족, 문화의 면에서 내담자와 다를 때 언제 불편한지 인식
	지 식	1. 자신의 문화적 배경이 정상/이상에 관한 정의와 믿음에 어떻게 영향을 주고 있는지 이해 2. 억압, 인종주의, 차별, 선입견 등이 자신과 자신의 일에 미치는 영향을 이해 3. 자신이 타인에게 미치는 사회적 영향에 대한 지식
	기 술	1. 다문화 상담의 능력을 높이기 위해 교육, 자문, 수퍼비전을 적극적으로 찾아감 2. 문화적 존재로써 자신을 이해하려는 계속적인 노력
내담자의 세계관에 대한 이해	태도와 신념	1. 다른 문화적 배경을 가진 집단에 대한 상담자의 긍정적, 부정적 감정을 이해하고, 이러한 감정들이 상담 관계에 미치는 부정적 영향을 알아차림 2. 다른 소수 인종, 소수 민족에 대한 선입견을 알아차림
	지 식	1. 특정한 내담자 집단의 특성에 대한 지식을 가짐 2. 인종, 민족, 문화 등이 성격, 직업 선택, 도움을 구하는 행동, 심리적 문제의 표현 등에 미치는 영향을 이해함 3. 소수 인종과 소수 민족에게 미치는 사회정치적 영향을 이해
	기 술	1. 다양한 문화 집단의 심리적 장애 및 건강에 관한 최근의 연구결과를 앎 2. 상담 장면 밖에서 소수 집단과 적극적으로 어울림

문화적으로 적절한 개입 전략과 상담 기법	태도와 신념	1. 내담자의 종교적, 영적 신념과 가치에 대한 존중 2. 내담자의 문화에서 심리적인 도움을 얻는 자연스러운 네트워크에 대한 존중 3. 이중언어에 대한 존중
	지 식	1. 상담의 일반적 특성에 대해 이해하고, 이런 상담의 특성이 내담자의 문화적 가치와 어떻게 충돌할 수 있는지 이해함 2. 소수자의 정신건강 서비스를 막는 기관(institution)의 장벽을 이해 3. 검사도구의 실시와 해석에 영향을 주는 잠정적 편견을 이해 4. 다양한 문화의 가족 구조, 위계, 가치, 신념 체계를 이해
	기 술	1. 상담에서 언어적 비언어적 메시지를 정확하고 적절하게 보냄 2. 기관 차원에서 개입할 수 있음–내담자의 문제인지 기관의 차별이나 선입견이 문제인지 구분하도록 도와줌 3. 적절한 경우 내담자 문화에서의 전통적 치료자, 종교 지도자에게 자문을 구함 4. 내담자가 사용하는 언어로 상담을 진행할 수 있고, 불가능하면 적절한 곳에 의뢰함 5. 전통적 평가와 검사도구를 사용할 수 있으며, 이 도구들의 문화적 한계를 이해함 6. 편견, 선입견, 차별적 상황을 없애는 일에 적극적으로 참여함 7. 내담자에게 심리적 개입 과정을 이해시키는 데 책임을 짐

그 결과 나타나는 여성과 남성의 가치의 차이 등에 대한 이해가 여기에 해당한다. 셋째, 유능한 상담자는 내담자가 속한 문화에서 지지자가 될 수 있는 사람을 상담 과정에 포함시킬 수 있다. 예를 들어, 내담자의 종교적 신념이 현재 문제와 관련되어 있고 종교가 내담자 문화에서 핵심적인 역할을 한다면, 내담자와 가까운 종교 지도자가 상담에 관여하도록 상담자가 적극적으로 노력하는 것이다. 넷째, 다문화 상담에 유능한 상담자는 서구 문화에서 개발된 상담 전략을 내담자의 문화적 배

경에 맞게 수정해서 사용하거나, 특정한 내담자 집단을 위해 개발된 상담기법을 사용할 수 있다. 다섯째, 상담자는 모호함에 대한 인내가 있어서 다양한 견해에 대해서 무엇이 옳고 그른지 모호할 때 그것을 견뎌 내는 힘이 있다. 이러한 인내는 상담자와 내담자의 견해가 다를 때, 상담자가 성급하게 자신의 견해가 옳고 내담자의 견해가 틀린 것으로 결론 내리지 않도록 도와준다.

종합하자면, 다문화 상담에서 상담자의 능력은 자신의 심리적 특성에 대한 인식, 자신과 다른 문화와 개인 특성에 대한 호기심과 개방성, 내담자의 문화적 배경에 대한 지식, 내담자의 문화적 배경이 상담 이론의 바탕이 되는 가치와 다를 때 상담자가 내담자를 이해하고 적절한 개입을 취할 수 있는 능력 등을 포함한다. Arredondo와 Perez(2006)는 다문화 상담에서 상담자 능력의 지표를 제시하면서, 다문화 상담의 능력을 개발하기 위한 다음의 전략들을 함께 제시하였다. 전략들은 다문화 상담에 대한 상담자 능력의 세 영역에 따라 구분되어 제시되었는데, 몇 가지만 소개하자면 다문화 상담과 관련한 최근의 연구물들을 읽는 것, 관련 워크숍과 학회에 참가하는 것, 자신이 속한 지역 사회에서 문화적으로 다른 사람들과 자주 접촉하고 함께 활동하는 것, 문화적으로 다른 사람을 멘터로 두는 것, 자신이 속한 기관의 정책을 다문화 관점에서 평가해 보는 것 등이다. 다문화 상담에서 상담자의 능력을 길러 주기 위한 상담자 교육은 다음에서 좀 더 자세히 다룰 것이다.

4) 다문화 상담의 교육

대부분의 상담수련생은 상담 교육의 초기에 문화적 터널 시야(cultural tunnel vision)를 가지고 교육과정에 들어온다. 이들은 자신이 지금까지 가져온 자신의 신념 및 태도, 자신이 옳거나 틀리다는 믿음에 대해 의심을 갖지 않으며, 자신이 가지고 있는 하나의 문화적 관점으로만 사물을 이해하려고 한다. Wrenn(1985)은 문화적으로 터널 시야를 가진 상담자를 문화적으로 껍질에 싸인(culturally encapsulated) 상담자라고 명명하면서, 이들은 다음의 특징을 보인다고 하였다(Corey, Corey, & Callanan, 2007에서 재인용). 문화적으로 껍질에 싸인 상담자는 현실을 한 가지 문화적 가정에서만 정의하고, 문화적 다양성에 대해 둔감하며, 자신의 믿음과 가정은 증거도 없이 받아들이면서 증거가 있는데도 자신의 가정과 다른 사실은 받아들이지 않는다. 또한 이들은 다른 사람의 관점은 평가해 보려고도 하지 않기 때문에 다른 사람에게 순응하거나 맞추려는 시도도 하지 않는다. 결국, 이들은 자신이 가진 한 가지 방식에만 의존하면서 다른 문제 해결 방식이나 대안에 적응하기를 거부하고 저항한다.

상담수련생들이 상담 교육의 초기에 문화적으로 터널 시야를 가지고 상담 프로그램에 들어온다고 가정하면, 상담수련생들이 다문화 상담의 능력을 갖추는 데 상담 프로그램이 중요한 역할을 담당하게 된다. 상담자가 다문화 상담을 잘 수행할 수 있는 태도, 지식, 기술을 갖추도록 하기 위하여 Corey, Corey

와 Callanan(2007)은 상담자 교육과정에서 프로그램의 적절한 구성 및 학생 발달 정도의 평가가 중요하다고 보았다. 상담자 교육 프로그램에서 상담수련생이 자신의 편견 및 약점을 알고, 이를 변화시키려는 노력을 교육 과정에서 할 수 있도록 도와야 한다는 것이다. 이 과정에서 학생들은 다문화 상담에 대한 지식과 기술을 수업시간에 익히는 것을 기초로 하지만, 실제 상담에서 자신과 문화적 배경이 다른 내담자를 만나고 내담자의 문화적 배경과 세계관을 이해하는 경험적인 요소가 더 중요하게 여겨진다.

상담자는 상담을 배워 나가는 과정에서 먼저 수업시간에 상담의 지식과 기술적인 측면을 배우지만, 이에 더해서 내담자에게 상담을 제공하고 수퍼비전을 받는 과정이 반드시 필요하다. 상담자 교육 프로그램이 문화적으로 유능한 상담자를 길러 내기 위해서는 프로그램 자체가 분명하게 다문화 상담 능력의 향상에 초점을 두어야 한다(Fouad & Arredondo, 2007). 이렇게 본다면 상담자 교육 프로그램의 구성이나 운영이 매우 중요한데, Fouad와 Arredondo(2007)는 다문화 요소가 잘 가미된 이상적인 상담자 교육 프로그램의 요소와 특징을 다음과 같이 제시하였다.

- 다양성에의 헌신과 프로그램의 철학을 분명하게 언급할 것
- 다양한 문화적 배경을 가진 대학원생을 적극적으로 모집할 것

- 문화적으로 다양한 교수진을 모집하려고 적극적으로 노력할 것
- 학생들의 전형 과정이 공정하도록 노력할 것
- 학생들이 자신의 문화적 가치와 편견, 다른 집단에 대한 지식, 다양한 집단과 작업할 수 있는 기술 등을 습득하도록 할 것
- 전 교육과정에 걸쳐 문화 중심적인 접근이 스며들도록 할 것
- 적어도 일 년에 한 번은 학생들의 다문화 상담 능력을 평가할 것

우리나라에서 이루어지는 상담은 서양 문화권에서 발달된 이론과 개입 기술을 우리 문화에 적용하면서 이루어진다. 굳이 다양한 요소를 포함하는 것으로 문화의 의미를 확장하지 않더라도, 우리나라에서 진행되는 대부분의 상담과 평가는 다문화 요소를 포함하게 된다. 상담자는 상담자의 접근이 내담자의 문화에 적절한지를 확인하고, 내담자의 문화적 배경에 맞는 개입을 발전시켜 나가도록 지속적으로 노력할 필요가 있다.

3 특별한 상황에서의 윤리

1. 가족상담

가족상담에서는 여러 사람이 상담에 참여하기 때문에 내담자들의 욕구가 서로 다를 수 있으며, 비밀보장의 문제 또한 복잡해진다. 가족상담에서의 윤리도 이 책 전반에서 다루어지고 있는 것과 같이, 상담자의 능력, 정보에 근거한 동의, 다중 관계, 비밀보장, 상담자의 교육과 연구의 측면에서 개인상담과 유사한 쟁점들을 가진다.

개인상담에 비해 가족상담에서 특히 빈번하게 발생하는 윤리적인 문제는 비밀보장과 가족에 대한 상담자의 가치-가족 구성원의 가치 간의 갈등에 관한 것이다. 여기서는 개인상담과 많이 중복되는 부분에 대해서는 따로 다루지 않고, 가족상담에서 특히 문제가 되는 이 두 영역에 관해 중점적으로 다루려고 한다. Kaslow, Celano와 Stanton(2005)은 미국심리학회의 윤리규정이 개인상담 위주로 짜여 있어 가족상담에서의 윤리를 잘 다루고 있지 못하다고 하였는데, 이는 한국의 경우도 마찬가지다. 가족상담에서의 윤리에 관해 한국상담심리학회(2005a)의 윤리규정은 정보의 보호 항목에서 간단하게 다루고 있다. 가족상담학회(2007)의 윤리강령에서는 사회적 관계, 전문적 태도, 정보의 보호, 상담수혜자의 복지, 상담 관계, 학생 및 피감독자에 대한 책임, 상담 연구, 심리검사, 타 전문직과의 관계 등 아홉 개의 영역으로 나누어 가족상담자의 윤리를 설명하고 있는데, 전체적인 내용은 개인상담의 윤리와 크게 다르지 않게 구성되어 있다. 한국상담심리학회의 가족상담 관련 규정은 〈표 3-1〉과 같다.

〈표 3-1〉 가족상담 관련 윤리규정(한국상담심리학회, 2005a)

라. 집단상담과 가족상담 — 중략 — (2) 가족상담에서 한 가족 구성원에 대한 정보는 허락 없이는 다른 구성원에게 공개될 수 없다. 상담심리사는 각 가족 구성원의 사생활에 대한 권리를 보호한다. (3) 자발적인 언행이 불가능하거나 미성년인 내담자를 상담할 때, 상담의 과정에서 필요하면 부모나 보호자가 참여할 수 있다. 그러나 상담심리사는 내담자의 이익을 위해 최선을 다한다.

1) 가족상담에서의 비밀보장

가족상담에서는 한 사람 이상의 내담자와 상담하게 되는 경우가 많으므로, 가족상담만의 비밀보장 관련 쟁점들을 가진다. 가족상담학회(2007)의 윤리규정 및 미국결혼과가족상담학회

(American Association for Marriage and Family Therapy; AAMFT, 2001)의 윤리규정은 상담자가 상담에 참가하는 각 개인의 비밀보장에 대한 권리를 존중하고 보장해야 한다고 밝히고 있다.

가족상담이 진행되면서 상담자는 가족상담과 동시에 부부 중의 한쪽과 개인상담을 진행하거나, 개인상담을 진행하던 내담자와 부부상담을 시작하게 되는 경우가 있다. 이때 개인상담에서 다루어지는 내용은 가족의 다른 구성원들에게 비밀보장이 되어야 하므로 상담자는 비밀보장의 면에서 어려움을 겪게 될 가능성이 있다. 부부상담을 진행하는 과정에서 부부 중의 한쪽이 상담자에게 개인상담을 요청하고, 개인상담 내용을 배우자에게 비밀로 해 줄 것을 요청하는 경우도 마찬가지다. 이 경우 개인상담을 요청한 내담자가 혼외 관계가 있거나, 배우자에게 알리기 어려운 병이 있거나, 배우자에게 아직 밝히지 않았지만 배우자와의 관계를 지속할 생각이 없는 경우도 있다. 어떤 경우이건 개인상담에서 내담자가 밝히는 정보는 부부 관계에 영향을 주는 내용일 가능성이 높다. 상담자가 이러한 내용을 알고도 비밀보장을 유지하면서 부부상담이나 가족상담을 진행하려면 상담자가 비밀보장의 무거운 짐을 지게 된다.

상담자 윤리규정은 가족상담의 진행 중에 개인상담을 동시에 진행하는 것을 비윤리적이라고 규정하고 있지 않으며, 실제로 많은 상담자들이 가족상담과 개인상담을 병행한다. 가족 구성원 간의 비밀보장에 관하여 관련 윤리규정들(가족상담학회, 2007; 한국상담심리학회, 2005a; AAMFT, 2001; APA, 2002)은 가족의 한 구성원에게서 얻은 정보는 그 구성원의 동의 없이는 다른 구성원에게 밝힐 수 없다고만 밝히고 있다. 상담자가 가족 중 한 사람과 개인상담을 진행하면서 비밀을 공유한다면, 이는 가족상담에 필연적으로 영향을 주게 된다.

Benitez(2004; Corey, Corey, & Callanan, 2007에서 재인용)는 상담자는 가족상담의 초기에 비밀보장의 본질과 그 한계에 대하여 설명해야 하고, 이때 가족 구성원 중 한 사람이 다른 구성원이 없을 때 얘기한 정보에 대한 비밀보장의 규칙을 내담자에게 분명히 알려 주어야 한다고 하였다. Benitez는 특히 커플상담의 경우는 커플 중 한 사람이 상담자에게 알려 준 정보는 상담자의 판단에 따라 언제든 배우자에게 알려 줄 수 있음을 상담의 초기에 내담자에게 알리고 동의를 얻는 것도 비밀보장을 다루는 한 방법이라고 주장하였다.

가족상담학회(2007) 윤리규정은 내담자 개인 및 사회에 위험이 임박했다고 판단되는 경우에만 내담자 정보를 적절한 전문인, 혹은 사회 당국에 공개한다고 규정한다. 가족상담자가 흔히 겪는 비밀보장의 예외 상황은 아동학대 및 아동 양육권에 대한 법적 분쟁과 관련된 것이다. 2000년에 아동복지법이 개정된 이후 우리나라에서 아동을 대상으로 서비스를 제공하는 교사, 의료인, 아동 및 장애인 복지시설 종사자, 상담자는 아동학대를 신고할 의무를 가진다. 아직 법제화되지는 않았지만, 2007년 정부 주도의 '저출산, 고령화 대책 연석회의'에서는 교사, 의사, 상담자 등 아동에게 서비스를 제공하는 전문가 집단을 아동학대 신고 의무자로 정하고, 이들이 아동학대 사실을 알고도 신고하지 않을 경우 과태료를 부과하기로 의결하였다. 연석회의에서의 의결사항은 곧 법제화될 예정이다. 이 경우 아동학대의 신고는 내담자의 동의를 얻어야 하는 상황이 아니라 상담자로서 의무사항이 된다.

부부상담이나 가족상담의 내담자이던 부부가 이혼을 하는 경우에, 이들이 상담자에게 아동의 양육권 결정에 영향을 줄 수 있도록 배우자의 행동에 대해 법정에서 증언을 요청할 수도 있다. 이런 일에 대비해서 상담자는 양육권 분쟁과 관련한 법적 증언을 받아들일 것인지를 상담 초기에 내담자에게 분명하게 알려야 한다. 법정에서 양육권 분쟁과 관련해 증언을 하는 경우도 내담자의 상담 내용에 대해 최대한 비밀보장을 유지하면서, 법원에서 요청하는 최소한의 자료만을 따로 정리해서 밝힐 수 있다.

다음은 2007년 미국심리학회 연차대회의 상담자 윤리 관련 발표 회기(Woody, Behnke, & DeMers, 2007)에서 논의되었던 사례 중 하나다. 이 사례에서 상담자 A는 어떤 결정을 내려야 하는가?

> 상담자 A는 내담자 B를 8세 때부터 상담해 오고 있다. 상담이 처음 시작되었을 때 내담자의 부모는 몇 년 전 이혼한 상태였고, 내담자는 어머니와 살면서 아버지를 정기적으로 방문하

고 있었다. 내담자는 아버지를 방문할 때마다 심각한 두통과 불안 증상을 겪었으며 이 때문에 어머니가 B를 상담에 의뢰하였다. B에 대한 상담은 문제가 있을 때 간헐적으로 진행되다가 B의 적응이 좋아지면 상담이 중단되는 방식으로 이어져 B가 고등학생이 된 지금까지 이어지고 있다. 고등학생인 B는 친구들과 편의점에서 몇 번 간식을 훔친 적이 있고, 얼마 전에는 여자 친구 집에 몰래 들어가 여자 친구와 성관계를 맺은 적이 있다. B의 상담 과정에서 상담자는 B와 어머니를 함께 상담하기도 하고, 어머니에게 별도의 상담을 제공하기도 하였다. 고등학생인 B는 자신이 없는 상황에서 상담자가 어머니와 얘기하는 것을 원하지 않으며, 최근에 있었던 일련의 일들을 어머니가 절대로 알아서는 안 된다고 한다. 상담자 A는 상담 내용 중 일부를 내담자의 어머니에게 알려야 하는지 갈등하고 있다. 상담자는 어떤 결정을 내릴 수 있는가? 내담자의 아버지가 내담자의 상담 기록을 보겠다고 한다면 상담자는 어떻게 해야 하는가?

이 사례에서 상담자가 결정을 위해 고려할 필요가 있는 요인들은 상담자 윤리강령, 관련되는 법 조항들, 부모의 양육권 문제 등이다. 상담자는 상담 초기에 상담에서의 비밀보장 및 그 한계에 관해 부모와 내담자에게 미리 얘기할 필요가 있으며, 이때 내담자에 대해 알 권리가 있는 부모는 아이에게 양육권을 가진 부모에 한한다. 상담자가 비밀보장의 예외를 내담자에게 설명할 때는 흔히 일어나는 구체적인 행동을 예로 들어 설명하는 것이 도움이 된다. 미국의 경우 주별 법 규정에 따라 내담자가 특정한 나이 이상이면(예를 들어, 메릴랜드 주의 경우 16세) 내담자의 동의 없이 상담자가 상담 정보를 부모에게 얘기하는 것이 금지되어 있다. 이런 경우라면 법 규정이 우선시되므로 상담자가 내담자의 요청에 따라 상담 내용을 부모 어느 쪽이건 알릴 수 없게 된다.

상담자 윤리규정과 관련해 생각해 볼 사항은 임상적인 면에서 내담자에게 가장 도움이 되는 상담자의 개입이 무엇인가 하는 점이다. 상담자는 부모에게 알릴지를 결정할 때 이 결정이 내담자의 복지에 미치는 영향에 대해 먼저 평가해 보아야 한다. 미국심리학회의 연차대회에서 위의 사례에 대해 논의한 결과, 윤리위원회의 발표에 참가한 상담자들 중 50% 정도는 어머니에게 얘기하겠다고 응답하였고, 나머지 50%는 어머니에게 내담자의 문제를 얘기하지 않겠다고 응답하였다. 상담자들이 속한 주의 법률, 상담자가 판단한 내담자 문제의 심각성 등이 영향을 주었을 것으로 생각된다.

비밀보장의 갈등을 포함하는 상담 윤리의 갈등 상황에서 가족상담자들이 의사결정을 내릴 때 윤리의 어떤 측면을 우선적으로 고려하는지 살펴본 한 연구(Burkemper, 2002)에서, 가족상담자들은 내담자에 대한 무해성(nonmaleficence)의 원칙을 가장 중요하게 고려하는 것으로 나타났다. Burkemper는 177명의 미국 가족상담자들을 대상으로 아동학대가 포함된 사례와

HIV 전염이 의심되는 사례 등 두 개의 사례를 제시한 후, 비밀보장을 깨고 제3자에게 알릴 것인지의 여부를 결정하게 하고 그 결정에서 중요하게 고려한 요소를 탐색하였다. 그 결과 상담자들은 전문가 윤리를 가장 중요하게 고려한 것으로 나타났으며, 그 다음은 법적 고려 사항과 상담자 자신의 반응 순이었다. 전문가 윤리의 기초가 되는 자율성, 무해성, 복지의 증진, 신의(비밀보장), 공정성 등의 원칙들 중에서는 두 상황에서 모두 무해성의 원칙이 가장 중요하게 고려되었다. 무해성의 원칙 이외의 다른 원칙들의 반영 정도는 사례에 따라 달랐는데, 아동학대 사례의 경우 복지의 증진, 공정성, 신의, 자율성의 순으로 중요도가 나타난 데 반해, HIV 전염 사례의 경우는 내담자의 비밀보장의 권리(신의), 내담자에게 공정할 것, 내담자의 의사결정의 권리(자율성), 복지의 증진 순이었다.

가족상담의 비밀보장 및 정보의 공개와 관련한 법적 기준이 정비되어 있지 않은 우리나라에서는, 상담자가 상담자 윤리규정을 가장 중요하게 고려해 의사결정을 내릴 필요가 있다. 현재의 윤리규정은 가족상담에서 가족 구성원 개개인의 동의가 없이는 그 정보를 가족의 다른 사람에게 알릴 수 없는 것으로 규정한다. 상담자는 비밀보장 및 정보의 공개에 대한 결정에서 무해성, 자율성, 복지의 증진, 신의, 공정성 등 여러 가치들 중 어떤 가치가 우선적으로 고려되어야 하는지를 각 사례별로 평가해 보아야 한다.

2) 상담자의 가치와 가족상담

가족상담에서 상담자의 가치는 상담에서 개입과 진행 방향에 영향을 주므로, 상담자는 자신의 가치가 상담의 방향에 미치는 영향에 대해 민감해야 한다. 대표적으로, 가족을 위해 개인이 희생하는 것에 대한 가치, 남-녀 성역할에 대한 견해, 상담자의 여성주의적 관점이 상담에 미치는 영향 등을 들 수 있다. 가족상담에서 상담자의 가치는 개인상담에 비해 상담 중에 보다 분명히 드러날 수 있다. 다음의 사례를 예로 들어 보자.

> 부모와 세 아이로 구성된 한 가족이 상담을 신청하였다. 이 가족의 어머니는 1년 전 사업을 시작하였는데, 사업은 지금까지 꽤 성공적이다. 이후 어머니는 남편과 세 아이들이 집안일에 참여하도록 일을 나누어 맡겼으나 별로 소득이 없었다. 2주 전 어머니는 화가 나서 집안일을 하나도 하지 않겠다고 선언하였고, 나머지 가족들은 집안이 엉망이 되어 가자 극도로 화가 난 상태다. 남편이 상담을 신청하였고, 본인이 원하는 것은 다시 정상적인 상황으로 돌아가는 것이라고 하였다(Welfel, 2006, p. 185).

본인이 이 사례를 맡았다면 어떻게 진행해 나갈 것이라 생각하는가? 이 사례를 진행하는 데 상담자가 가진 남-녀의 성역할에 대한 관점은 누구의 의견을 더 중요하게 고려하고, 집안일을 나누는 데 역할 분담을 어떻게 하도록 할 것인지에 직접적인 영향을 줄 것이다. 상담자는 누구나 건강한 가족에 대한 틀을 가지고 있고, 이 틀에 따라 가족을 평가하고 변화시키려고 할 것이다. 그런데 가족상담 이론에서 건강한 가족에 대한 틀은 모두 특정한 문화적 배경에서 만들어진 것이어서, 그러한 문화가 개별 내담자 가족의 문화적 배경과 맞지 않을 수 있다. 상담자가 가진 건강한 가족에 대한 기준이 매우 좁고 경직되어 있다면, 이 틀을 내담자에게 적용하려고 할 때 가치의 충돌 및 이로 인한 상담 진행의 어려움이 필연적으로 생기게 된다. 가족상담 윤리규정에서 상담자의 가치와 가족의 가치의 충돌에 대한 직접적인 언급은 없지만, 상담자가 가족의 의사결정에 관여할 때 〈표 3-2〉의 기준에 따를 것이 제안된다.

상담 윤리강령이 의사결정을 내릴 내담자의 권리에 대한 존중과 상담자의 객관적인 역할을 명시하고 있는 데 반해, 가족

〈표 3-2〉 의사결정에 관한 내담자의 권리

가족상담학회(2007)
4. 상담수혜자의 복지 (4) 가족상담자는 상담수혜자가 동거, 결혼, 이혼, 별거, 재결합, 자녀 양육권, 자녀 방문 등의 가족 관계와 관련하여 결정을 내릴 수 있는 권리를 존중하며, 그 결정의 결과를 이해할 수 있도록 도와야 한다.
AAMFT(2001)
section 1.8 상담자는 의사결정에 대한 내담자의 권리를 존중하고 내담자가 자신의 결정의 결과를 이해하도록 돕는다. 상담자는 내담자에게 동거, 결혼, 이혼, 별거, 재결합, 양육권, 방문할 권리 등에 관한 의사결정을 스스로 내릴 책임이 있음을 분명히 알린다.

상담의 어떤 관점에서는 상담자가 보다 적극적인 역할을 할 것을 제안한다. 예를 들어, 여성주의 상담에서는 가족 내에 성차별적으로 역할이 배정되어 있거나 양육이 이루어질 때, 상담자가 내담자를 적극적으로 교육하여 가족이 차별적인 성 역할을 바꾸어 나가도록 하는 것을 상담자의 역할로 보기도 한다.

다시 앞의 사례로 돌아가면, 상담자는 자신의 이론적 배경에 따라서 성역할이 차별적으로 이루어지지 않도록 적극적으로 교육하거나, 내담자가 성역할에 따른 기대를 가족 간에 서로 조정하고 타협할 수 있도록 돕는 보다 객관적인 입장을 취할 것이다. Welfel(2006)은 앞의 사례의 경우, 적어도 가족상담자는 다음과 같은 방향으로 가는 것은 피해야 한다고 보았는데, 한 가지는 아내의 권리를 존중하지 않은 것에 대해 상담자가 남편과 자녀를 비난하는 경우이고, 다른 한 가지는 단순히 여자라는 이유로 아내가 집안일을 해야 한다고 보는 경우다.

가족상담자는 자신이 건강한 가족이라고 여기는 것이 특정한 문화적 배경에 기초하고 있으며, 건강한 가족이란 내담자의 문화적 배경에 따라 달라질 수 있음을 인식해야 한다. 상담자가 가족 내 성역할에 대한 자신의 선호, 가족을 위한 개인의 희생에 대한 가치, 이성애나 동성애에 대한 견해 등을 기반으로 가족을 판단하거나, 혹은 가족 내의 특정한 구성원과 한편이 되어 동맹 관계를 맺으면 가족상담이 내담자의 복지를 증진하는 방향으로 진행되기 어렵다. 아동학대와 같이 상담자가 내담자의 의견과 무관하게 법적으로 정해진 절차를 따라야 하는 경우가 아니라면, 대부분의 경우 가족상담자는 가족 구성원들이 원하는 건강한 가족의 개념을 바탕으로 상담을 진행하는 것이 바람직하다.

2. 집단상담

개인상담에서 다루어지는 다양한 윤리적 기준들은 집단상담자에게도 적용된다. 여기에서는 집단상담이라는 특수성 때문에 고유하게 적용되는 몇 가지 윤리적 측면들, 특히 집단상담자의 능력, 집단상담에서 정보에 근거한 동의와 비밀보장의 문제, 집단상담자와 집단 구성원들 간에 다중 관계의 문제에 대해 살펴볼 것이다.

1) 집단상담자의 능력

집단상담자는 개인상담에서 능력의 지표가 되는 여러 요소들을 기본적으로 가져야 하지만, 집단상담에서 독특하게 드러나는 집단의 치료 요소들 때문에 고유하게 요구되는 능력들도 갖추어야 한다. 한국집단상담학회(1989)의 윤리강령에서는 집단상담자의 능력에 대하여 〈표 3-3〉의 규정을 두고 있다.

한국집단상담학회의 규정은 집단상담자가 전문적 지식과 경험을 가져야 하고 집단상담자의 지식과 경험의 범위 안에서 상담을 제공해야 한다는 큰 틀을 제시하는 데 반해, 집단상담

〈표 3-3〉 집단상담자의 능력에 관한 윤리규정(한국집단상담학회, 1989)

2. 전문적 태도 (1) 집단상담자는 전문상담자로서 갖추어야 할 이론적 지식, 임상 경험 및 연구 능력을 유지 및 향상시키기 위해 지속적으로 노력한다. (2) 집단상담자는 집단 역동에 대한 전문적 이해를 바탕으로 상담수혜자의 정신건강 향상에 노력한다. (3) 집단상담자는 자신의 능력 및 기법의 한계를 잘 인식하고, 상담수혜자에게 도움을 줄 수 없다고 판단될 경우에는 다른 전문가 및 관련 기관으로 의뢰한다.

자가 개인상담자와 비교해서 보다 전문적으로 갖추어야 하는 능력이 무엇인지는 구체적으로 제시하고 있지 않다. 미국상담학회의 분과인 집단상담전문가협회(Association for Specialists in Group Work: ASGW) 관련 규정은 이보다 구체적으로 집단상담자의 능력에 관해 규정하고 있는데, 여기에 나타난 집단상담자 능력의 구성 요소들은 다음과 같다(ASGW, 2007a).

- 집단상담의 본질과 범위에 관한 지식과 기술
- 집단원 및 집단원의 사회적 체제에 대한 평가와 관련된 지식과 기술
- 집단 개입의 계획에 관한 지식과 기술
- 집단 개입의 실제에 관한 지식과 기술
- 리더십과 공동리더십에 관한 지식과 기술
- 집단의 평가에 관한 지식과 기술
- 윤리적이고, 유능하며, 다문화 상담을 수행할 수 있는 지식과 기술

여기에서 제시되는 집단상담자의 능력이란 상담을 실제로 진행하는 능력뿐만 아니라 집단상담을 계획하고 진행하며 집단원을 평가하는 전 과정에 걸친 능력을 포괄한다. 집단상담자는 집단상담이 과정과 기법 면에서 개인상담과 어떻게 다른지, 집단상담의 치료 요소들은 무엇인지, 집단상담이 특히 도움을 줄 수 있는 문제 영역들은 무엇인지 등과 관련된 집단상담의 본질을 이해하고 있어야 한다.

집단상담자가 상담집단에 개입할 때 사용하는 기법과 관련해서 Corey, Corey와 Callanan(2007)은 기법의 윤리적 사용과 비윤리적 사용을 구분하였다. 집단에서 상담자가 특정한 기법을 사용할 때는 분명한 이유가 있어야 되는데, 다음의 이유로 그 기법이 사용되는 것은 비윤리적이라고 하였다(p. 478).

- 집단의 지도자가 익숙하지 않은 기법을 사용하는 경우
- 집단에서 지도자의 힘을 키우기 위해 기법을 사용하는 경우
- 기법을 사용하는 유일한 목적이 집단의 강도(intensity)를 높이기 위해서이고, 이때 집단의 강도를 필요로 하는 사람이 지도자일 때
- 집단 구성원이 참가하고 싶지 않다고 했는데도, 구성원에게 참가하도록 압력을 주기 위해 기법을 사용할 때

요약하면, 집단상담자는 집단상담의 본질을 이해하고, 집단상담을 진행하기 위한 지식과 기술을 배워 이에 대한 최소한

의 능력을 갖춘 상황에서 집단상담을 진행하여야 한다. 집단에서 상담자가 사용하는 기법은 분명한 목적이 있어야 하며, 구성원을 위해서 사용되어야 한다.

2) 집단상담에서 정보에 근거한 동의

집단상담에서 '정보에 근거한 동의'(informed consent)는 집단원들이 집단의 목적, 집단의 과정, 집단 구성원에게 기대되는 행동 등에 대한 정보를 얻은 상태에서 집단상담 참가 여부를 결정할 수 있도록 상담집단에 대한 정보를 잠재적 내담자들에게 미리 알려 주고 동의를 얻는 과정을 뜻한다. 이는 집단상담 진행의 초기인 집단원의 선발 단계에서 다루어질 수 있다.

집단상담에 대한 정보에 포함되는 내용(ASGW, 2007b)은 개인상담에서와 마찬가지로 집단의 목적, 상담자의 자격, 집단원들에게 기대되는 행동, 지도자와 집단원들의 역할, 집단 참가와 탈퇴에 관한 규칙, 집단원과 집단 지도자 사이에 자문을 구하는 과정, 비용과 시간, 집단에 참가함으로써 얻을 수 있는 이득 등이 해당된다. 이에 더해서 집단상담 과정 중 경험할지 모르는 잠재적인 위험, 집단에서 언제든 탈퇴할 수 있는 자유, 집단상담의 한계, 집단상담 이외의 다른 치료적 선택 등의 정보도 함께 주어질 수 있다.

집단상담에서 고유하게 발생하는 어려움도 내담자들에게 미리 알려 줄 필요가 있는데(Fallon, 2006), 여기에는 다른 구성원들에게 자기개방을 해야 하는 문제, 집단원들이 집단 밖에서 서로 연락하는 문제, 집단원들이 집단에서 한 사람을 집중적으로 비난하는(gang-up) 문제, 약물의 사용 및 다른 집단원에게 위협을 주는 문제, 비자발적인 집단상담 참여와 관련된 정책 등이 해당된다. Corey, Corey와 Callanan(2007)은 집단 구성원이 집단상담에 참가하는 과정에서 경험하는 잠정적인 위험으로 생활의 일시적 혼란, 자기개방에 따른 사생활 보장의 침해, 자기개방에 대한 집단 압력, 집단원을 희생양으로 삼는 문제와 집단상담에서 직면(confrontation)이 부적절하게 사용되어 집단원에게 해를 주게 되는 경우 등을 들었다. 집단상담에서 이루어지는 자기개방과 이에 따른 피드백은 집단상담의 효과를 낳는 요인이기도 하지만, 이런 상호작용의 결과로 일어나는 정서적 반응이 매우 강해서 집단원이 고통을 겪게 될 수도 있다.

집단상담에서 나타날 수 있는 문제들에 대해 내담자에게 전달할 때 상담자가 모든 위험을 알려 주어야 하는 것은 아니다. 오히려 집단상담의 배경과 구성원에 따라 나타날 가능성이 높은 사항을 중점적으로 알려 주는 것이 바람직하다. 예를 들어, 집단상담은 종종 비자발적인 집단원들을 대상으로 진행된다. 이들은 집단에 참가함에 따라 집단상담에 대한 동기를 가질 수도 있지만, 지속적으로 집단상담에 참가하는 데 어려움을 느끼고 집단상담에서 종종 빠지거나 탈락하기도 한다. 집단상담의 지도자는 비자발적인 구성원들이 사전에 집단 지도자와 상의하지 않고 갑자기 집단을 그만두기 전에, 집단에 참가하지 않으면 그 대신 어떤 결과를 받아들여야 하는지를 집단의 초기에 미리 알려 주는 것이 좋다.

3) 집단상담의 비밀보장

개인상담과 비교할 때 집단상담에서 가장 큰 어려움 중의 하나는 집단에서 다루어지는 내용의 비밀보장이 유지되기 힘들다는 것이다. 집단은 여러 집단원이 참가하므로 집단의 초기에 비밀보장에 대한 구조화를 한다고 하더라도 집단원 개개인의 행동을 집단상담자가 모두 통제하기는 어렵다. 따라서 집단상담에서의 비밀보장이 절대적인 것이 아님을 집단상담 초기에 상담자가 집단원들에게 알릴 필요가 있다. 전문가 윤리강령은 집단상담에서의 비밀보장에 관해 “집단상담자는 집단의 특성상 집단 내에서는 비밀유지가 완벽하게 보장될 수 없다는 사실을 집단 구성원들에게 분명히 전달한다.”(한국집단상담학회, 1989)라고 명시하였다. 미국의 경우도 집단상담전문가협회에서 발간한 ‘유능한 상담을 위한 안내서’(ASGW, 2007b)에서 집단상담자는 모든 집단 구성원에게 비밀보장의 필요성, 비밀보장을 위반하였을 때 잠정적인 결과, 특별한 경우가 아니면 집단에서의 비밀보장은 법적으로 보호받지 못한다는 점 등을 집단원에게 미리 알려야 한다고 규정되어 있다. Lasky와 Riva(2006)는 집단상담에 관한 문헌들을 검토한 뒤, 집단에서의 완전한 비밀보장은 불가능하며 비현실적이라고 결론지었다.

특히 학교에서의 집단상담에서는 구성원들이 모두 같은 학교에 다니고, 다른 학생들도 집단 구성원이 집단상담에 참가한다는 것을 알게 되므로 집단상담의 비밀보장이 더 쉽게 깨질 수 있다. 집단상담자는 집단상담의 비밀보장이 깨지는 경우 이것이 집단상담의 진행에 미치는 잠정적인 영향에 대해 상담 초기에 구성원들에게 얘기함으로써, 구성원들이 비밀보장을 지킬 수 있도록 격려할 수 있다. 한 집단원이 자신이 집단에서 얘기한 내용을 집단 밖에서 듣게 되었을 때 이는 집단의 구성원 전부에게 영향을 준다. 예를 들어, 학교에서 이루어진 집단상담에서 한 학생이 자신이 최근에 경험한 폭행이나 약물 사용 경험 등에 대해 집단에서 털어놓았는데, 이를 다른 집단원이 교사에게 알려 주었다고 해 보자. 이런 경우 자기개방을 한 집단원은 학교에서 처벌을 받게 될 수 있고 이런 경험은 다른 집단원들이 집단에서 자기개방을 주저하도록 할 것이다. 상담자는 이러한 일이 집단상담의 진행 도중 발생했을 때, 집단 내에서 이를 공개적으로 다루는 것이 좋다.

비밀보장에 대한 내용은 집단상담의 구조화 과정에서도 다루어지는데, 집단상담자가 비밀보장을 설명하는 방식도 고려되어야 한다. 집단상담자는 집단상담에서 비밀보장이 완벽하게 이루어질 수 없다는 것을 설명하면서, 이와 관련된 사항을 예를 들어 설명할 수 있다. 이로써 구성원들은 비밀보장의 본질, 비밀보장이 깨질 수 있는 가능성, 그 결과가 집단상담에 미치는 영향 등에 대해 구체적으로 이해할 것이다.

4) 집단상담에서의 다중 관계

집단상담에서의 다중 관계란 집단상담자가 집단 구성원과 상담자-내담자 관계 이외에 다른 관계를 맺는 것이다. 여기에는 경제적 관계나 사회적 관계를 맺는 것을 비롯해, 집단상담에서만 고유하게 나타나는 다른 성격의 다중 관계가 포함된다. 집단상담에서 고유하게 발생할 수 있는 다중 관계는 상담자가 집단상담을 진행하는 중에 구성원이 상담자에게 개인상담을 받고 싶다고 요청하는 경우에 생길 수 있다. 혹은 이와 반대로, 상담자가 이미 개인상담을 진행 중인 내담자를 본인이 지도자로 있는 집단에 참가해 보도록 추천하는 경우에 상담자-내담자 간 다중 관계가 형성된다.

내담자에게 개인상담과 집단상담을 동시에 제공하는 경우는 상담자가 비밀보장을 깨기 쉽고, 내담자에 대한 상담자의 힘이 커지면서 내담자의 상담자에 대한 의존성이 높아지고, 집단상담에서 상담자-내담자 간 특별한 관계가 생기면서 집단 역동에 영향을 줄 수 있는 등의 문제가 생길 수 있다(Lakin, 1994; Welfel, 2006에서 재인용). Welfel(2006)은 집단상담과 개인상담을 한 사람의 상담자가 병행하는 경우 생길 수 있는 이와 같은 어려움을 들어 가능하면 개인상담과 집단상담을 동시에 진행하는 것을 피하고, 내담자의 개인상담이나 집단상담을 다른 상담자에게 의뢰하는 편이 낫다고 하였다.

이와 같은 의견에 대해 Jacobs, Masson과 Harvill(2002)은 이

의를 제기하면서, 집단 구성원은 집단상담자에게 개인상담을 오래 받아 온 내담자로 이루어지는 경우가 많고, 집단의 진행 중 의뢰되는 개인상담은 집단상담에서 제기된 문제를 주제로 이루어지므로 집단상담자가 개인상담을 병행하는 것이 임상적으로 도움이 되는 경우가 많다고 주장하였다. 상담자가 개인상담과 집단상담을 병행하는 것은 집단상담자의 윤리규정에 비윤리적인 행동으로 규정되어 있지 않으며, 실제로 많은 경우 상담자들이 이러한 다중 관계를 맺고 있다. 상황에 따라 피치 못하게 개인상담과 집단상담이 동시에 진행되어야 한다면, 상담자는 그와 같은 관계가 궁극적으로 내담자의 복지를 위한 것인지를 먼저 평가해 보아야 한다.

3. 상담 수퍼비전

상담자가 전문가로 성장하는 과정에서 수퍼비전은 상담자의 상담 능력이 발달하도록 돕는 핵심적인 역할을 한다. 수퍼비전은 수퍼바이저-수련상담자 관계를 통해 수퍼바이저가 수련상담자의 상담 능력을 높이고, 수련상담자가 상담하는 내담자의 복지를 증진시키기 위해 이루어진다. 김창대 등(2006)은 임상적 수퍼비전이란 상담전문가로 발전하기 위해 필요한 지식과 기술이 무엇인지 알고 있고 이를 가지고 있는 사람이 수련상담자의 상담을 지속적으로 평가하고 관찰하는 과정이라고 정의하였다. 수련상담자의 전문적 능력을 높이기 위해 수퍼바이저는 수퍼비전 관계에서 교사, 멘터, 자문가, 역할 모델 등 다양한 역할을 한다.

수퍼바이저는 수련상담자를 돕는 역할도 하지만 수련상담자가 전문가로서 성장하는 정도를 평가하는 역할도 하게 된다. 수련상담자가 내담자에게 적절한 상담 서비스를 제공하는 과정에서 수퍼바이저에게 의존하게 된다는 점과 전문적 능력을 수퍼바이저에게 평가받는다는 점 때문에 수퍼바이저는 수퍼비전에서 힘을 갖는다. 이에 따라 수퍼바이저의 힘의 사용과 관련된 다양한 윤리적 쟁점들이 수퍼비전에서 나타난다.

수퍼비전에서 가장 흔한 윤리규정의 위반은 수련상담자가 부적절한 상담 서비스를 제공했는데도 수퍼바이저가 이를 인식하지 못해서 적절한 조처를 취하지 못하는 것이다(Keith-Spiegel & Koocher, 1998). 수퍼바이저가 수련상담자를 모욕하거나, 적절한 정보를 제공하지 않거나, 수퍼비전의 목적에 맞지 않게 수퍼비전을 운영하는 것도 비윤리적이다. 수퍼바이저의 능력과 관련한 보편적인 문제들은 수퍼바이저가 수퍼비전 시간을 제대로 운영하지 못하거나, 수퍼바이저가 기술적/인지적 결손이 있거나, 수퍼바이저가 관계/정서적 결손을 보이는 경우다(Magnuson, Wilcoxin, & Norem, 2000). 여기에 공통적으로 나타나는 수퍼바이저의 문제는 다음과 같다.

- 수퍼비전의 여러 요소를 불균형적으로 제공하는 것
- 수련상담자의 발달적 요구에 둔감한 것

- 수련상담자가 수퍼바이저의 견해와 다르게 행동하는 것을 유연하게 받아들이지 못하는 것
- 전문적/개인적으로 좋은 역할 모델이 되지 못하는 것
- 수퍼비전의 경계나 어려운 문제를 잘 다루지 못하는 것
- 수퍼비전에 대한 헌신의 부족

한편, 230명의 상담수련생과 97명의 수퍼바이저를 대상으로 상담수련생의 윤리적 위반에 대해 조사한 Worthington, Tan과 Poulin(2002)의 연구에서는, 수퍼바이저와 상담수련생들이 특정한 행동의 윤리성-비윤리성의 구분에서 대체로 일치하는 견해를 보이는 것으로 나타났다. 이 연구에서는 상담수련생의 비윤리적 행동을 다음 몇 개의 항목으로 구분하여 이에 대한 윤리적 판단을 조사하였다. 이 항목들은 의도적으로 중요한 정보를 수퍼바이저에게 말하지 않는 것, 상담 기록을 잘 관리하지 못하는 것, 상담수련생에게 허용된 자율성의 수준에 비해 지나치게 자율적으로 사례를 처리하는 것, 상담에 영향을 줄 수 있는 개인적 편견을 밝히지 않는 것, 수퍼바이저와의 갈등을 잘 다루지 못하는 것, 전문적 성장을 위해 필요한 활동에 참가하지 않는 것 등이었다.

Worthington, Tan과 Poulin(2002)의 연구에서 수퍼바이저와 상담수련생 모두 매우 비윤리적이라고 판단한 항목 중, 상담수련생이 한 번 이상 한 적이 있다고 응답한 행동들은 수퍼비전 시간을 실제보다 많은 것으로 보고하거나(32.6%), 상담시간

을 실제보다 부풀려 보고한 행동(31.4%), 수퍼바이저의 상담 과오에 대한 책임(malpractice liability)이 높아질 줄 알면서도 특정한 행동을 한 것(28.8%) 등이었다. 비윤리성에 대한 평가 정도가 약간 낮은 항목들 중에서 상담수련생들은 의도적으로 수퍼바이저의 지시를 따르지 않거나(47.8%), 상담에 영향을 주기 시작한 개인적 문제를 말하지 않거나(46.5%), 수퍼바이저의 비윤리적 행동을 보고도 아무에게도 얘기하지 않은 것(40.7%) 등에 대하여 한 번 이상 이런 행동을 한 적이 있다고 응답하였다.

수퍼바이저의 윤리적 행동에 관한 사항은 학회의 윤리규정에 포함되어 있지만, 수련상담자의 윤리적 행동은 명확하게 윤리규정에 포함되어 있지 않다. 수퍼비전의 과정에 대해 우리나라 학회의 윤리규정에서는 따로 기준을 마련하고 있지 않으므로 여기에서는 미국심리학회와 미국상담학회의 윤리강령을 참조하여 수퍼비전의 윤리를 기술하려고 한다. 미국심리학회(APA, 2002)의 윤리규정은 인간 관계(Human Relations) 조항에서 다른 일반적인 관계를 설명하면서 그 일부로 수퍼비전 관계를 포함시킨 데 반해서, 미국상담학회(ACA, 2005)의 윤리규정은 수퍼비전의 윤리를 훈련, 교수(teaching) 영역과 묶어 하나의 독립된 항목으로 구분하여 제시하였다. 미국상담학회 윤리규정의 수퍼비전 관련 항목은 내담자 복지, 수퍼바이저의 능력, 수퍼비전 관계, 수퍼바이저의 책임, 수퍼비전의 평가 등 5개의 항목으로 구분되어 있는데, 필요한 부분을 아래에서 자세히 소개하기로 한다.

1) 수퍼비전에서 정보에 근거한 동의

상담에서 정보에 근거한 동의가 이루어지는 상황과 내용 중 일부는 수퍼비전에서 적용 가능한 것도 있지만 일부는 그렇지 않다. 상담에서는 동의가 자발적이어야 하고, 내담자가 동의의 내용을 이해할 수 있는 인지 능력이 있어야 하는 것이 기본적인 조건이지만, 수퍼비전은 수련상담자가 항상 자발적으로 선택할 수 있는 것은 아니다. 특히 대학원에서 이루어지는 수퍼비전은 수업의 일부인 경우가 많고, 이런 경우 수퍼바이저는 이미 정해져 있을 때가 많다. 상담 동의의 내용 중 비밀보장의 한계, 상담 비용, 혜택과 위험, 기록과 관련한 부분들은 수퍼비전에도 적용될 수 있다.

Tomas(2007)는 7개의 관련 학회 및 단체들의 수퍼비전 관련 윤리규정을 검토한 후, 수퍼비전에서 초기에 주어져야 하는 정보들로 수퍼바이저의 배경, 수퍼비전 방법, 수퍼바이저의 책임과 요구, 수련상담자의 책임, 잠정적인 보조적 요구, 비밀보장, 수퍼비전의 기록, 비용, 혜택과 위험, 평가, 수퍼비전에 대한 불만과 적합한 절차(due process), 수련상담자의 목표, 서명, 수퍼비전 기간과 종결을 들었다. 이 요소들을 좀 더 자세히 살펴보면 다음과 같다.

수퍼바이저의 배경은 수퍼바이저의 학위, 자격, 상담에서의 이론적 배경, 임상 경험 등을 말한다. 수퍼바이저는 상담에서의 이론적 배경뿐만 아니라 수퍼비전을 진행하는 이론적 배경도 설명할 수 있다. 수퍼비전 방법은 수퍼비전이 개인 수퍼비전인지 집단 수퍼비전인지, 수련상담자의 상담 진행을 모니터하기 위해 녹음이나 녹화 자료, 다른 문서 기록 등이 수퍼비전에서 이용될 것인지 등에 관한 것이다. 수퍼바이저는 수련상담자가 상담하는 내담자의 복지에 대해 궁극적인 책임을 지므로, 수련상담자가 전문상담자로서 하는 일 전반에 걸쳐(개인상담, 집단상담, 사례의 기록, 위기 관리, 그 외 다른 전문적, 윤리적 행동들) 수련상담자의 전문성을 파악하고 있어야 한다. 수퍼바이저는 수련상담자의 전문성을 향상시키기 위해 상담관련 자료를 주거나, 특정한 워크숍에 참가하도록 하는 등의 과제를 줄 수 있다. 수련상담자 또한 자신이 서비스를 제공하는 내담자의 복지에 책임을 지고, 주어진 기관에서 수련상담자에게 준 과제를 이행할 책임이 있다. 수련상담자의 책임과 관련해 주어진 기관에서 수련상담자에게 부과한 과제들이 수퍼비전에 대한 동의 과정에서 설명된다.

잠정적인 보조적 요구는 수퍼비전이 진행됨에 따라 처음에는 발견되지 않던 수련상담자의 특징들이 나타나면 수퍼바이저가 이에 대한 조처를 취하기 위해 내리는 결정과 관련된다. 예를 들어, 수련상담자의 개인적인 문제가 상담에 방해가 될 정도라면 수퍼바이저는 수련상담자에게 개인상담을 받을 것을 요구할 수 있다. 수퍼비전에서의 비밀보장은 수퍼비전에서 다루어진 내담자에 대한 내용과 수련상담자에 관한 내용을 포함한다. 수퍼바이저는 수퍼비전에서 비밀보장의 본질과 그 한계에 대하여 수련상담자에게 설명한다. 특히 수퍼비전의 비밀보장과 관련해 주의할 점은 수퍼바이저가 수련상담자에 대해 평가한 내용이 수련상담자의 지도교수를 포함한 대학원의 관계자에게 알려져야 하는 경우에 정보 제공의 범위와 내용을 수련상담자에게 미리 알려야 한다.

수퍼비전의 기록 부분에서는 어떤 내용이 어떤 형식으로 기록되는지, 기록에 대해 누가 접근이 가능한지가 설명된다. 수퍼비전이 유료인 경우 수퍼비전의 비용 및 지불 방법 등도 알려 주어야 한다. 수퍼비전의 혜택과 위험에 대해서는 수퍼비전을 받음으로써 수련상담자가 기대할 수 있는 이익과 잠정적인 해에 대한 설명이 이루어진다.

수퍼비전에서 적합한 절차(due process)는 수퍼비전의 과정에서 수련상담자가 수퍼비전의 내용, 과정, 평가의 방식이나 결과에 대해 이의가 있을 때, 이에 대한 이의를 제기하는 방법과 연락할 수 있는 사람, 기관에 대한 정보를 알려 주는 것을 뜻한다. 많은 경우 수퍼비전은 상담자 자격증을 따기 위해서나 대학원 수업에서의 요구로 이루어진다. 이때 수퍼바이저는 수련상담자가 자격증을 따거나 상담 교육과정을 마치는 데 필요한 서류에 서명할 수 있는데, 이와 관련한 설명이 이루어져야 한다. 수퍼비전의 기간과 종결에 관한 부분은 수퍼비전 회기당 시간, 전체 수퍼비전 기간, 종결이 될 수 있는 경우 등에 대한 설명이다.

수퍼비전에 대한 정보를 제공하고 동의를 얻는 가장 보편적인 방식은 정보를 담은 문서를 수련상담자에게 주고 읽어 보도록 한 후, 중요한 부분에 대해서 수퍼비전 시간에 수퍼바이저가 설명하는 방식이다. Tomas(2007)는 위의 모든 요소들이 수퍼비전에 관한 설명에 포함되어야 한다는 뜻은 아니며, 상황에 따라 수퍼바이저가 자신의 수퍼비전과 분명히 관련되는 요소들을 포함시키면 된다고 하였다. 수퍼바이저는 수퍼비전에 대한 정보를 미리 준비하는 과정에서 수퍼비전의 목적과 방법, 수련상담자에게 기대하는 것을 분명히 할 수 있다. 수련상담자는 수퍼비전 관련 정보를 검토하는 과정에서 수퍼바이저에 대한 이해, 수퍼비전(혹은 일하는 기관)에서 자신의 책임과 윤리적 의무, 수퍼비전에 대한 기대 등을 명확하게 할 수 있는 이점이 있다(Tomas, 2007).

2) 수퍼바이저의 역할과 책임

수퍼바이저는 내담자의 복지에 대한 책임과 수련상담자의 전문성 신장을 위한 책임을 가진다. 이 두 가지 수퍼비전의 목적이 충돌할 때는 내담자의 복지가 더 우선적으로 고려되어야 한다. 예를 들어, 수련상담자의 전문성 신장을 위해서는 좀 더 자율성이 주어지는 것이 좋지만, 그런 상황에서 내담자에게 해를 줄 가능성이 있다면 수련상담자의 자율성이 제한되어야 한다. 수련상담자가 상담하는 내담자에 대한 윤리적, 법적 책임은 궁극적으로 수퍼바이저에게 있다. 이를 위해 수퍼바이저는 수련상담자의 상담을 가까이에서 감독함으로써, 적절한 상담의 접근 방법, 특정한 기법을 사용할 수 있는 수련상담자의 능력, 위기 관리, 수련상담자의 윤리적 태도 및 행동들을 통해 내담자에게 적절한 상담이 제공되고 있는지를 평가해야 한다.

수퍼바이저가 주어진 역할을 해내기 위해서는 수련상담자의 상담을 자세하게 파악하고 있어야 하고, 수퍼비전을 제공하는 수련상담자의 수가 지나치게 많지 않은 것이 좋다. 자신이 수퍼비전을 하는 수련상담자의 상담을 수퍼바이저가 가장 정확하게 평가하기 위해서는 직접 관찰하거나, 혹은 녹화된 자료를 통해 상담을 관찰하는 것이 좋다. 실제 상담을 관찰하지 않고 수련상담자가 구두로 전달하거나 문서로 전달하는 자료에만 의존하면, 수련상담자의 상담 능력과 상담의 진행을 수퍼바이저가 제대로 파악하기 어렵다. 미국상담학회(ACA, 2005) 윤리규정은 내담자의 복지에 대한 수퍼바이저의 책임을 다하기 위해 수퍼바이저가 정기적으로 수련상담자의 사례 기록과 상담의 일부분을 검토하거나, 상담의 진행을 직접 관찰할 것을 권유한다.

수퍼바이저와 수련상담자가 같은 기관에서 일하는 경우는 수퍼바이저가 수련상담자의 여러 역할을 보다 면밀하게 파악할 수 있지만, 다른 기관에서 일하는 경우는 수련상담자의 상담을 전체적으로 파악하는 것이 어려워진다. Worthington, Tan과 Poulin(2002)의 연구에서, 수련상담자의 75.5%는 내담자와의 관계에서 나타난 문제나 실수를 의도적으로 수퍼바이저에게 얘기하지 않은 경우가 적어도 한 번 이상 있었다고 응답하였다. 이런 경우를 최소화하기 위해 수퍼바이저는 수련상담자가 만나는 모든 내담자에 대한 각각의 상담 회기를 적어도 일부분이라도 직접 보거나 녹화된 자료를 통해 파악하는 것이 좋다. 수퍼비전 과정에서 수련상담자가 개인적인 스트레스 때문에 상담자의 능력이 손상된 것이 관찰되면, 수퍼바이저는 개인상담 등을 통해 수련상담자가 자신의 문제에 도움을 받도록 조처를 취해야 한다.

수퍼비전에서 수퍼바이저와 수련상담자 사이에 갈등이 생기는 것은 자연스러운 일이다. Pope와 Vasquez(2007)는 수퍼바이저는 수련상담자가 이와 같은 갈등을 수퍼비전에서 얘기할 수 있도록 도와주어야 하며, 만약 수퍼바이저-수련상담자 사이의 갈등이 수퍼비전에서 제대로 다루어지지 않아서 해결되지 않으면 같은 갈등이 수련상담자-내담자 사이에서 나타날 가능성이 크다고 하였다. 수퍼비전은 그 관계의 특성 때문에 수퍼바이저가 힘을 갖는다. 따라서 수퍼비전 관계에서의 갈등, 수퍼비전의 내용과 방법에서의 불만족 등을 수련상담자가 수퍼비전에서 표현하고 다룰 수 있도록 하는 데는 힘을 가진 수퍼바이저의 역할이 크다.

3) 수퍼바이저의 능력

윤리적인 수퍼비전이 이루어지기 위한 기본 조건은 수퍼바이저가 수퍼비전을 제공할 충분한 지식과 기술을 가지는 것이다. Welfel(2006)은 비윤리적 수퍼비전이 이루어지는 이유중 크게 두 가지를 수퍼바이저의 능력과 관련된 문제로 보았다. 먼저 수퍼바이저가 유능한 상담자로서의 능력을 수퍼바이저의 능력과 혼동하는 경우에 좋은 수퍼비전이 이루어지기 어렵다. 수퍼바이저로서 요구되는 고유한 능력이 있는데도, 단지 자신이 유능한 상담자이므로 좋은 수퍼비전을 제공할 수 있다고 믿는다면 수퍼비전이 적절하게 이루어지지 않을 수 있다. 다른 한 가지 이유는 수퍼바이저는 본질적으로 교사, 역할 모델, 자문가, 평가자, 멘터 등 여러 가지 역할을 수퍼비전 관계에서 하게 되는데, 요구되는 다양한 역할을 함께 진행할 능력이 부족하기 때문이라고 하였다. 수퍼바이저의 능력에 대한 미국상담학회(ACA, 2005)의 윤리규정은 〈표 3-4〉와 같다. 이 윤리규정은 상담자가 수퍼바이저로서 능력을 갖기 위해 공식적인 교육이 필요함을 명시하고 있으며, 특히 수퍼바이저가 수퍼비전 관계에서 다문화 문제에 대해 민감하게 인식하고 다루어야 한다고 보았다.

〈표 3-4〉 수퍼바이저의 능력에 대한 윤리규정(ACA, 2005)

F. 2.	**상담 수퍼비전에서의 능력**
F. 2. a.	**수퍼바이저가 되기 위한 준비** 임상적 수퍼비전을 제공하기 전에, 상담자는 수퍼비전 방법과 기법의 훈련을 받아야 한다. 임상적 수퍼비전을 제공하는 상담자는 상담 및 수퍼비전의 주제와 기술에 대한 정기적인 보수교육을 받는다.
F. 2. b.	**수퍼비전에서의 다문화 문제와 다양성** 상담 수퍼바이저는 수퍼비전 관계에서 다문화주의/다양성의 역할을 인식하고 있고 이를 언급한다.

그렇다면 공식적인 교육을 통해 수퍼바이저가 습득해야 하는 수퍼바이저의 능력은 어떤 요소들로 구성되는가? 수퍼바이저는 수련상담자에 비해 수퍼비전을 진행하는 방법과 수퍼비전의 내용에 대해서 많이 알고 있어야 할 뿐만 아니라, 실제 상담을 진행하는 임상적 지식과 기술에서도 수련상담자에 비해 그 수준이 높아야 한다. Falender 등(2004)은 수퍼바이저가 가져야 할 능력으로 수련상담자와 관계를 맺는 지식과 기술, 수퍼바이저의 지속적인 자기 평가 기술, 임상적 상황과 내담자에 관한 일반적인 지식과 기술, 수퍼바이저-수련상담자-내담자와의 관계 및 맥락적 요소에 관한 지식과 기술을 들었다. Welfel(2006)은 이에 더해서, 상담자의 발달 과정에 관한 지식과 상담자 발달 단계가 수퍼비전에 미치는 영향의 인식, 수퍼비전의 방법과 기술에 대한 지식, 수련상담자의 상담 능력을 정확하고 객관적으로 평가할 수 있는 능력을 수퍼바이저의 중요한 능력으로 들었다. 수퍼바이저 능력의 하위 요소들은 각각 측정할 수 있는 더 작은 기술들로 나누어 설명될 수 있다.

수퍼바이저가 이러한 능력을 갖고 있다고 해도 다음 사항에 대한 추가적인 노력이 필요하다(Falender & Shafranske, 2007). 먼저 수퍼바이저는 임상적 능력에서 지속적인 자기 평가를 해야 한다. 임상적 능력은 일정한 수준에 올랐더라도 여러 가지 원인으로 손상될 가능성이 있으므로, 수퍼바이저는 자신의 임상적 능력의 장점과 약점을 평가하고 약점을 보완하도록 노력해야 한다. 또한 수퍼바이저는 윤리적으로도 유능해지도록 노력해야 한다. 수퍼바이저는 학회의 상담 및 수퍼비전과 관련한 윤리규정에 익숙해지고, 수련상담자로 하여금 이런 규정을 알고 실천하도록 도와주며, 자신의 윤리적 판단과 그에 따른 실천이 다른 사람에게 미치는 영향에 대해서 민감해야 한다.

다양성과 다문화 문제를 다루는 능력도 수퍼바이저가 가져야 하는 중요한 부분이다. 이 부분은 특히 수퍼비전 관계에서 문제가 되는데, 다문화 상담 능력이 최근에 강조됨에 따라 수퍼비전 관계에서 수퍼바이저에 비해 수련상담자가 이 능력이 높은 경우가 많기 때문이다. 수퍼바이저는 자신과 문화적으로 다른 배경을 가진 수련상담자와의 관계에서 이러한 차이가 수퍼비전에 미치는 영향에 대해 민감하게 인식하고, 수련상담자에게 도움이 되는 방식으로 수퍼비전이 진행되도록 노력하는 것이 바람직하다. 끝으로, 수퍼바이저는 보수교육이나 자문 등을 통해 수퍼비전 능력을 높이도록 지속적으로 노력해야 한다.

4) 수퍼비전에서의 다중 관계

수퍼비전 관계는 상담 관계에 비해 훨씬 관계의 경계가 모호해지기 쉬우며(Welfel, 2006), 상담 관계에 비해 다중 관계를(예를 들어, 교수-학생, 교수-조교, 같은 상담센터의 동료 등) 맺을 가능성이 많다. 따라서 수퍼바이저는 수퍼비전 관계의 목적을 분명히 하고, 수퍼비전 관계가 수련상담자에게 도움이 되도록 관계의 경계를 지킬 필요가 있다. 수퍼비전 관계와 관련된 미국상담학회(2005)의 윤리규정은 〈표 3-5〉와 같다.

〈표 3-5〉 수퍼비전 관계에 대한 윤리규정(ACA, 2005)

F. 3. 수퍼비전 관계

F. 3. a. **수련상담자와의 관계의 경계** 상담 수퍼바이저는 수련상담자와의 전문적, 개인적, 사회적 관계를 윤리적으로 유지한다. 상담 수퍼바이저는 현재 수련상담자와 비전문적인 관계를 피한다. 만약 수퍼바이저가 다른 전문적 역할을 해야 한다면 (예: 행정 수퍼바이저, 교수), 잠재적 갈등을 최소화하기 위해 노력하고 각각의 역할과 관련한 기대와 책임을 수련상담자에게 설명한다. 수퍼비전 관계를 손상시킬지 모르는 어떠한 형태의 비전문적인 상호작용을 하지 않는다.

F. 3. b. **성적 관계** 현재 수련상담자와의 성적 혹은 로맨틱한 관계는 금지된다.

F. 3. c. **성희롱** 상담 수퍼바이저는 수련상담자에게 성희롱을 하지 않는다.

F. 3. d. **가까운 친척이나 친구** 상담 수퍼바이저는 가까운 친구, 로맨틱한 관계의 파트너, 친구와 수퍼비전 관계를 맺지 않는다.

F. 3. e. **잠정적으로 도움을 주는 관계** 상담 수퍼바이저는 수련상담자와의 관계에서 힘의 차이를 인식한다. 만약 수련상담자와의 비전문적 관계가 수련상담자에게 도움이 된다고 생각되면, 내담자와의 관계에서처럼 관계를 시작하기 전 매우 주의해서 판단해야 한다. (후략)

이 윤리규정에 따르면, 수퍼바이저-수련상담자 간 성적 접촉이나 로맨틱한 관계는 금지되지만, 수퍼비전 관계 이외의 다른 전문적 관계를 맺는 다중 관계는 윤리적으로 금지되지 않으며, 수련상담자에게 도움이 된다고 판단될 때 다중 관계를 맺을 수 있다. 많은 수퍼비전 관계에서 수퍼바이저와 수련상담자는 다중 관계에 있으며, 수퍼바이저가 단순히 상담의 기술적인 측면에 국한되어 수퍼비전을 하는 것이 아니라 수련상담자의 개인적인 발전 및 전문가로서의 발전에 도움이 되는 멘터의 역할을 할 때, 수련상담자가 수퍼비전 관계에 대해 더 만족스러워 한다고 알려져 있다. 이러한 결과에 기초해 Johnson (2007)은 수퍼바이저가 수련상담자에게 적극적으로 멘터의 역할을 할 것을 제안하기도 한다.

수퍼바이저와 수련상담자의 다중 관계가 수련상담자에게 도움이 될 때 다중 관계가 허용된다는 윤리규정에 관해서 Gottlieb, Robinson과 Younggren(2007)은 이 규정이 어떤 다중 관계가 도움이 되고 어떤 관계가 도움이 되지 않는지를 구체화하지 않기 때문에, 수퍼바이저 개개인이 이를 판단하게 하는 모호한 규정이라고 비판하였다. 수퍼바이저가 수련상담자와 수퍼비전이 끝난 후 식사를 하거나, 수퍼바이저가 가르치는 수업을 듣게 하거나, 자신의 연구 조교로 일하도록 하거나 하는 많은 일들이 실제로 수련상담자에게 도움이 되는 경우도 있지만, 어떤 경우에는 둘 간의 힘의 차이 때문에 수련상담자가 수퍼바이저의 요청을 싫어하면서도 거절하지 못하는 경우가 생긴다는 것이다.

수퍼바이저-수련상담자 간 다중 관계에 관해 좀 더 비판적인 시각을 유지하는 학자들은(Gutheil & Gabbard, 1993) 미끄러운 경사면(slippery slope)에 이를 비유하면서, 처음에는 수퍼바이저가 수련상담자에게 도움이 되려는 의도로 다중 관계를 시작하더라도, 일단 시작되면 미끄러운 경사면에서 아래로 미끄러지는 것처럼 어느 순간엔가 그 관계들이 부적절한 것으로 발전할 수 있으며 이를 인식하기 어려워진다고 하였다. 따라서 처음에는 수련상담자에게 도움을 주려는 의도로 시작하더라도, 전문적 관계의 경계가 모호해지면 이를 인식하고 바로잡기가 어렵고 결국 관계에서 힘이 약한 수련상담자에게 해가 된다는 것이다.

다중 관계에 관한 이상의 논의에서 보면 수퍼비전 관계에서 수퍼바이저와 수련상담자 간의 다중 관계는 어느 정도 피할 수 없는 상황처럼 보인다. 특히 상담전문가의 숫자가 적고 공식적인 관계와 비공식적인 사적 관계가 혼용되어 관계가 맺어지는 우리나라의 경우는 지도교수가 수퍼바이저를 비롯해 다른 여러 가지 역할을 함께하는 경우가 많다. 이처럼 다중 관계가 현실적으로 일어날 수밖에 없다면 수퍼바이저는 다중 관계를 맺을 때 다중 관계가 수련상담자에게 미치는 영향을 고려해 주의 깊게 관찰하고 평가하는 역할을 해야 한다. 연구자들(Gottlieb, Robinson, & Younggren, 2007; Welfel, 2006)이 제안하는 윤리적인 다중 관계에 관한 몇 가지 지침은 다음과 같다.

- 다중 관계가 상호 동의하에 맺어지더라도, 관계에 내재된 힘의 차이로 수련상담자에게 위험 부담이 증가한다는 것을 기억할 것
- 수련상담자와의 사회적 혹은 금전적 관계는 수퍼바이저의 가장 기본적인 의무인 내담자가 적절한 서비스를 받고 있는지를 평가하는 능력에 영향을 줄 수 있음
- 수련상담자나 내담자의 복지를 수퍼바이저의 개인적인 흥미에 우선할 것
- 수퍼바이저와 수련상담자가 전문적으로 혹은 개인적으로 어려운 상황일 때 명확한 경계를 유지하는 것이 더 중요함

- 가능하면 수퍼바이저는 수련상담자에 대한 상담자의 역할은 하지 않는 것이 좋음

Gottlieb, Robinson과 Younggren(2007)은 다중 관계 때문에 결국 수련상담자를 착취하게 되는 부정적 결과가 거의 대부분 수퍼바이저의 객관성의 상실, 부적절한 판단, 무능함 혹은 능력의 손상에 따른 것이라고 보았다. 따라서 수퍼바이저는 다중 관계를 시작하게 되는 순간부터 관계가 진행되는 과정에서 지속적으로 관계가 수련상담자에게 도움이 되고 있는지, 적절한 경계가 유지되고 있는지에 대해 주의를 기울여야 한다.

4. 심리검사, 평가 및 진단

내담자에 대한 평가와 진단은 상담에서 내담자에 대한 개입의 방향을 결정하는 중요한 역할을 한다. 이때 심리검사가 내담자의 정확한 평가를 위한 보조 도구로 흔히 이용된다. 심리검사의 실시와 해석, 결과를 이용하는 과정에는 상담자가 주의해야 할 다양한 윤리적 문제들이 있다. 한국상담학회(2002)와 한국상담심리학회(2005a)의 윤리규정은 내담자의 평가와 진단에 관한 규정을 따로 두고 있지는 않지만, 상담에서 심리검사의 이용에 관한 규정들을 포함하고 있다. 한국상담학회(2002)의 심리검사 관련 윤리규정은 〈표 3-6〉과 같다.

〈표 3-6〉 심리검사 관련 윤리규정(한국상담학회, 2002)

7. 심리검사 (1) 상담자는 검사대상자를 조력하기 위한 목적에 적합한 심리검사를 선택해야 한다. (2) 심리검사를 실시할 때에는 자격이 있는 사람이 표준화된 절차에 따라 실시해야 하며, 그 과정을 경시해서는 안 된다. (3) 상담자는 검사대상자에게 심리검사 결과를 수치만을 알리거나 제3자에게 알리는 등 검사 결과가 잘못 통지되지 않도록 해야 한다.

이 윤리규정에는 내담자의 문제에 도움이 되는 적절한 심리검사의 선택, 심리검사 실시자의 능력의 문제, 심리검사 결과의 해석과 제시 방법에 대한 윤리적인 문제가 제시되어 있다. 한국상담심리학회(2005a)의 윤리규정은 심리검사의 실시와 해석에 관해 여덟 개 항목의 윤리규정을 제시하는데, 이는 심리검사의 실시와 관련한 기본적 사항, 검사를 사용하고 해석하는 능력, 사전 동의, 유능한 전문가에게 정보 공개하기, 검사의 선택, 검사 시행의 조건, 검사 점수화와 해석 및 진단, 검사의 안정성에 관한 것이다.

1) 심리검사 사용의 윤리

심리검사는 검사를 실시할 자격이 있는 사람이 선택하고 실시해야 한다. 한국학교상담학회(2004)의 윤리규정은 평가 도구의 선택, 실시와 해석은 표준절차를 따라야 하고, 내담자가 이해할 수 있는 언어로 검사의 특성, 목적, 결과에 대해 상담자가 설명해 줄 것을 규정하고 있다. 내담자는 심리검사를 받을 때 이에 대한 비용을 지불하고 시간을 들이며 검사 문항에 응답하는 과정에서 심리적인 어려움을 겪을 수도 있다. 그렇다면 내담자는 당연히 검사가 무엇에 관한 검사인지 알 권리가 있고, 검사 결과에 관해서도 적절한 설명을 들을 권리가 있다. 검사 결과를 내담자에게 해석할 때 상담자는 검사가 타당화된 범위 내에서만 해석해 주어야 하며, 결과를 확대 해석하거나 과잉 적용하는 것을 피해야 한다.

심리검사의 실시 및 해석에서도 상담자의 능력이 쟁점이 된다. 윤리규정은 훈련받은 상담자만 심리검사를 실시하고 해석해야 한다고 규정하고 있으나, 어떤 사람이 유능한 사람인지에 대해서는 구체적으로 다루고 있지 않다. Welfel(2006)은 여러 문헌에서 제시하는 내용을 종합해 심리검사의 실시와 해석에서 유능한 사람이란 다음의 조건을 갖추어야 한다고 요약하였다.

- 사용하는 측정도구에 대해 공식적인 교육을 받을 것
- 통계와 측정의 지식이 있어 심리검사 지침서에 기술된 신뢰도와 타당도, 그리고 다른 통계치를 이해할 수 있을 것
- 특정 검사의 장점과 단점, 그리고 다양한 집단에 적용할 때의 유의점을 알고 있을 것
- 검사의 사용에 대해 수퍼비전을 받은 경험

심리검사의 실시와 관련해 상담자는 검사에 대한 전문적인

훈련을 받지 않은 사람이 검사를 임의로 실시하고 채점하고 해석하도록 조장하거나 내버려 두어서는 안 된다. 그런데 상담실에서 개별적으로 실시되는 심리검사와 달리, 학교에서는 전문적 훈련을 받은 경험이 없는 담임교사가 심리검사를 실시하는 경우가 많다. 이런 경우, 검사의 결과는 임의로 해석되거나 혹은 컴퓨터로 출력된 검사의 결과만 학생들에게 주어지고, 검사 결과에 대한 별도의 해석이 주어지지 않는 경우도 많다. 이러한 상황은 검사 판매 기관의 윤리와 관련된다. 심리검사를 판매하는 기관은 검사를 실시하고 해석할 수 있는 훈련을 받은 사람에게만 검사의 구매를 허락하는 방식으로 검사의 윤리적 실시를 간접적으로 도울 수 있다. 검사가 자가 실시와 채점, 해석이 가능하도록 처음부터 개발되고 사용되는 경우가 아니라면, 검사 실시자는 내담자가 검사의 결과를 충분히 이해할 수 있도록 최선의 노력을 해야 한다.

심리검사의 결과는 상담의 내용과 마찬가지로 비밀보장의 대상이 된다. 검사 결과는 내담자와 내담자가 동의하는 보호자에게 알려야 하며, 이외의 사람에게 알릴 경우는 내담자의 동의가 필요하다. 한국상담심리학회(2005a)는 검사 결과를 이해하고 해석할 수 있다고 인정되는 전문가에게만 공개하여야 한다고 규정하고 있다. 이것은 비전문가에게 관련 정보를 공개할 경우 그 비전문가가 검사 결과를 잘못 이해한 채로 내담자에게 적용하여 해를 주는 것을 막기 위한 규정으로 보인다.

2) 평가와 진단에서의 윤리

내담자 문제의 평가와 진단은 상담자가 내담자의 문제를 보다 분명히 이해하고, 상담 개입의 방향을 결정하도록 해 준다는 점에서 상담에 도움이 된다. 또한 진단은 내담자의 문제에 대해 전문가들 사이에 의사소통이 가능하게 해 주고(우리가 우울증에 대해서 얘기한다고 할 때 같은 진단 기준을 사용함으로써 같은 증상에 대해 얘기하고 있다는 것을 알게 된다), 특정한 진단에 대해 어떤 개입이 효과가 있는지를 전문가들이 공유하도록 해 줌으로써 전체적으로 상담 개입의 효과성을 높이는 역할을 한다. 이를 위해 상담전문가들은 좀 더 정확한 진단 방식을 개발하기 위해 노력해 왔다. 미국에서 이러한 노력의 결과로 개발된 정신과 장애의 진단 및 통계 편람(Diagnostic and statistical manual of mental disorders: DSM)은 미국에서뿐만 아니라 우리나라에도 도입되어 심리적 문제를 진단하는 데 광범위하게 이용되고 있다. 내담자 문제의 진단은 위에서 언급한 장점도 있지만, 진단 자체에 포함된 여러 가지 윤리적인 문제를 가진다. Welfel(2006)은 현재 우리가 가지고 있는 진단 체계가 완벽하지 않으므로 항상 내담자의 문제를 정확하게 진단할 수 있는 것이 아니며, 특히 내담자의 인종, 사회경제적 계층, 성별에 따라 진단이 편파적으로 적용되는 것에 대하여 주의해야 한다고 강조하였다.

설사 우리가 이상적인 진단 체계를 가지고 있다고 하더라도 상담자가 진단 체계를 적용하는 과정에서 편견이 작용할 수 있다. 예를 들어, 상담자는 건강한 남자와 건강한 여자의 행동에 대해 서로 다른 기대를 가지고 있는데, 전형적인 남자의 역할을 하는 사람에 비해 비전형적인 남자 역할을 하는 사람이 더 기능 수준이 떨어진다고 보는 수가 있다. 상담자의 가치와 선호가 평가와 진단에 미치는 영향에 대해 Pope와 Vasquez(2007)는 상담자의 특성이 평가와 진단에 미치는 영향을 줄이기 위해 상담자는 자신의 이론적 배경, 내담자의 특정한 행동에 대한 자신의 반응에 대한 민감성 등을 키워야 한다고 하였다. 상담자 자신의 반응, 특히 여러 종류의 역전이(countertransference)는 상담자가 내담자에게 특정한 진단을 잘못 적용하는 데 영향을 미친다.

내담자의 평가와 진단에서 상담자가 관심을 가져야 하는 또 다른 중요한 요소는 내담자의 과거력 및 현재 상황이다(Pope & Vasquez, 2007). 내담자가 현재 보이는 행동이 매우 심각한 진단(예: 정신분열증)의 기준에 맞다고 하더라도, 이 증상이 현재 내담자가 처한 상황에 대한 일시적인 반응으로 나타나는 것이라면 내담자의 과거력을 고려하지 않고 나타나는 증상만으로 진단하는 것은 위험하다. 이와 관련해, 상담자는 내담자의 평가 및 진단에서 평가의 신뢰성 및 타당성에 영향을 주는 요소들을 민감하게 관찰하고, 잠재적인 요소가 있으면 반드시 이를 고려해서 평가와 진단을 내려야 한다.

상담자의 진단이 내담자의 특성에 따라 쉽게 왜곡될 수 있다는 것은 많은 실험적 연구들에서 밝혀져 왔다. 상담자들은 같은 내담자에 대해서 내담자가 정신병원에서 갓 퇴원한 환자라고 한 경우보다 회사 지원자라고 한 경우에 더 가벼운 진단을 내렸으며(Langer & Abelson, 1974; Pope & Vasquez, 2007에서 재인용), 내담자의 인종이나 성별에 따라서도 차별적으로 진단한다는 것이 여러 연구들에서 보고되었다. DSM-IV의 진단 기준들은 특정한 문화(예를 들어, 미국 중산층의 성인 남자 문화)에서 바람직하다고 여겨지는 행동들을 기준으로 정상과 이상을 판별하도록 고안되었기 때문에, 다양한 문화적 배경을 가진 사람에게는 편파적으로 적용될 가능성이 많다. 따라서 상담자는 현재의 평가와 진단 체계가 갖고 있는 문제점에 관해 알고 있어야 하며, 내담자의 행동이 내담자의 문화적 배경에서 적응적인지의 여부, 내담자의 과거력, 내담자의 특정 행동에 대한 자신의 반응 등을 파악하고 이런 점들을 평가와 진단에 반영하여야 한다.

3) 심리검사와 평가에서 다양성의 문제

모든 심리검사의 문항 구성, 규준 및 해석에는 검사개발자의 문화적 배경이 반영되어 있다. 특정한 문화에서 주어진 행동이 정상이거나 비정상적이라는 인식, 심리검사가 측정하는 하나의 특성이 어느 정도이면 정상이고 어느 정도이면 이상인지에 대한 문화적 평가가 반영되어 하나의 심리검사가 제작되고 그 결과가 해석된다. 따라서 특정한 문화에서 개발되고 표준화된 심리검사가 다른 문화적 배경을 가진 내담자에게도 똑같은 방식으로 이용될 수 있을 것이라고 믿고 이를 실시하는 것은 적절하지 않다. Fouad와 Arredondo(2007)는 다문화적으로 유능한 평가에서 내담자의 문화에서 타당도와 신뢰도가 밝혀져 있는 검사도구의 사용을 강조하였다.

다문화 평가가 이루어지기 위해서는 일반적인 다문화 상담에서 요구되는 상담자의 능력－태도 및 신념, 지식, 기술－에 더해서 다른 광범위한 평가 관련 능력이 요구된다(Allen, 2007). Allen은 다문화 평가가 이루어지기 위해서는 측정 이론 및 문화 관련 구인타당도에 관한 지식, 내담자의 문화를 고려해 협조적으로 평가하는 기술, 문화적으로 적절한 인터뷰 기술, 내담자의 문화와 일치하는 평가 절차의 시행, 문화에 바탕을 둔 검사 결과의 해석, 문화에 적합한 규준과 심리검사의 사용, 다문화적 검사 결과 보고서의 작성, 다문화 평가에 관한 윤리적 의사결정 능력 등이 필요하다고 보았다.

다문화 상담에서 정의하였듯이 문화를 인종 및 민족적 배경에만 국한하지 않고 다양한 변인을 포함하는 포괄적인 개념으로 정의한다면, 남자만을 대상으로 제작된 검사를 여자에게 사용하거나, 부모가 모두 한국 국적을 가진 사람을 대상으로 제작된 검사를 부모 중 한쪽이 외국 국적을 가진 내담자에게 실시하는 것 등도 다문화 평가에 해당한다. 상담자는 내담자의 문화적 배경이 심리검사가 기반으로 하는 문화적 배경과 유사한지를 검토한 후, 그렇지 않을 경우 주어진 심리검사를 내담자에게 적용하는 것에 신중해야 한다. 다문화 평가와 관련한 한국상담심리학회(2005a)의 관련 규정은 〈표 3-7〉과 같다. 이 규정에서는, 상담자는 검사의 선택 및 결과의 해석에서 문화적 영향을 고려하여야 하며, 심리검사가 내담자의 문화적 배경을 고려하여 제작되지 못하였거나 해석에서 한계가 있을 때 이를 내담자에게 분명히 전달해야 한다고 하였다.

〈표 3-7〉 다문화 평가 관련 윤리규정(한국상담심리학회, 2005a)

사. 검사 점수화와 해석, 진단 (1) 상담심리사는 검사 시행과 해석에 있어서 나이, 인종, 문화, 장애, 민족, 성, 종교, 성적 기호, 그리고 사회경제적 지위의 영향을 고려하고, 다른 관련 요인들과 통합 비교하여 검사 결과를 해석한다. (2) 상담심리사는 기술적 자료가 불충분한 평가도구의 경우 그 결과를 해석할 때 신중해야 한다. 그러한 도구를 사용하는 특정한 목적을 내담자에게 명백히 알려 주어야 한다. — 중략 — (4) 상담심리사는 내담자의 문제를 정의할 때, 내담자가 속한 문화의 영향을 받는다는 것을 인지한다. 내담자의 정신 장애를 진단할 때 사회경제적 및 문화적 경험을 고려해야 한다.

다음은 다문화 평가와 관련된 사례다. 이 사례에서 본인이 상담자라면 어떤 점을 고려해서, 어떤 방식으로 평가를 진행할 것인지를 생각해 보자.

민수는 아버지의 직업 때문에 미국에서 지난 5년간을 보내고 작년에 한국에 돌아와서 초등학교 3학년에 다니고 있다. 민수는 미국에서 오래 지냈기 때문에 한국어보다는 영어에 더 익숙하고, 학교 공부를 따라가기 어려워한다. 수업시간에는 선생님의 말을 이해하기 어려워 주로 자신이 가지고 간 책을 보거나 지겨운 것을 참고 가만히 앉아 있으면서 시간을 보낸다. 학교 상담자는 민수가 한국 학교에 적응하는 것 이외의 다른 문제가 있는지 보기 위해 한국어로 된 지능검사를 실시하였다.

이 경우에 지능검사의 결과는 민수의 지적 능력을 정확하게 평가해 주기 어려울 것이며, 민수가 잘 사용하는 언어와 검사에 사용된 언어가 다르기 때문에 민수의 실제 능력에 비해 지능검사의 결과는 낮게 나올 가능성이 많다. 특히 이때 지능검사의 결과가 우수반이나 학업수행이 떨어지는 학생을 위한 특수반에 대한 배정에 사용된다면 검사의 실시 및 결과의 해석에는 더욱 주의가 필요하다. Fouad와 Arredondo(2007)는 다문화 평가에서 한 가지의 자료에 의존해서 평가하기보다는 다양한 자료를 참조할 것과, 한 사람의 의견에 의존하기보다는 서로 다른 장면에서 내담자와 만나는 다양한 사람들과의 면접을 통해 종합적으로 내담자를 평가할 것을 강조하였다.

5. 상담자 교육과 연구

상담자는 상담뿐만 아니라 상담자에 대한 교육과 연구 활동에도 참가하게 된다. 이 장에서는 상담자 교육과 상담 연구에서 고려해야 하는 윤리적 쟁점들을 살펴보기로 한다.

1) 상담자 교육의 윤리

상담자 교육에서 상담자는 상담수련생을 대상으로 교육과 평가의 기능을 수행한다. 이때 관련되는 대표적인 윤리적 쟁점들로는 상담자의 능력, 상담수련생의 선발 · 교육 · 평가 과정에서의 공정성, 상담자와 상담수련생과의 다중 관계의 문제를 들 수 있다.

(1) 상담자 교육에서의 능력

상담자 교육에서 상담자의 능력이란 상담자가 자신이 교육과 훈련을 받아 유능하다고 인식하고 있는 과목을 맡고 가르쳐야 하며, 자신이 교육이나 훈련을 받은 경험이 없는 과목을 가르쳐서는 안 된다는 것이다. 일단 특정한 과목이나 주제를 맡은 경우에, 상담자는 주어진 주제에 대하여 정확하게 가르쳐야 하며, 잘못된 지식이나 효과성이 검증되지 않은 상담의 접근에 대하여 무분별하게 가르쳐서는 안 된다. 새로운 상담이론이나 기법을 가르치는 경우는, 그 효과의 검증이 충분히 이루어지지 않았다면 이러한 한계에 대하여 상담수련생에게 알려 주어야 한다. 상담자 교육에서 상담자의 능력에 관한 이와 같은 윤리규정에도 불구하고, 미국 대학의 심리학과 교수들을 대상으로 한 연구에서 연구 대상자의 38%는 자신이 잘 알지 못하는 교과를 가르친 경험이 있다고 응답하였다(Tabachnick,

Keith-Spiegel, & Pope, 1991).

상담 분야의 학자들이 많은 미국의 경우는 대학의 한 프로그램에 다양한 이론적 배경을 가진 여러 상담자들이 소속되어 있고 한 사람의 교수가 가르쳐야 하는 과목의 수도 우리나라보다 대체로 적다. 훈련받은 상담자의 수가 많지 않은 우리나라의 경우는 대학원의 상담 전공 프로그램에 속한 교수의 숫자가 미국에 비해 적고, 한 사람의 교수가 가르쳐야 하는 과목의 수가 많고 다양하다. 이런 경우에 상담자들이 자신이 유능하다고 생각하는 과목만 강의하는 것이 대부분의 프로그램에서 현실적으로 불가능하다. 그러나 대학이나 대학원에서, 혹은 상담자 교육 프로그램에서 상담자들은 가능하면 자신이 충분한 교육과 훈련을 받아 유능하게 교육할 수 있는 과목을 가르치고, 교육과정에 필수로 개설된 과목에 대해 최선의 교육을 할 수 있는 사람을 찾아서 강의 의뢰를 할 필요가 있다. 상담자가 자신이 잘 훈련받지 않은 과목을 가르쳐야 하는 경우는 강의 개설 전 최선을 다해 내용을 숙달하도록 노력해야 하며, 필요한 경우 그 내용 영역의 전문가에게 자문을 받는 것이 좋다.

(2) 교육과 평가에서의 공정성

상담 수업이나 훈련에서 상담자는 주제와 일관되게 수업 내용을 구성하고, 수업에서 다룬 내용을 평가하기에 적절하도록 평가의 내용이나 방식을 구성하며, 이에 따른 평가가 공정하게 이루어지도록 한다. 공정한 평가를 위해서 평가의 항목 및 평가의 방법을 수업 초기에 정확하게 설명할 필요가 있다.

상담 수업에서는 상담 연습을 위해 모의상담을 이용하거나, 심리검사를 배우기 위해 상담수련생 본인의 심리검사 결과를 해석해 보는 방식이 흔히 이용된다. 이러한 과정에서 상담수련생의 개인 정보가 수업 중에 공개되는 경우가 많다. 상담 프로그램에 따라서는 상담 수련과정에서 상담을 받아 볼 것을 상담수련생에게 필수적으로 요구하기도 한다. 미국심리학회의 윤리규정은 상담 수업에서 특별한 경우가 아니면 학생의 개인 정보를 밝힐 것을 요청하지 말아야 한다고 규정하고 있는데(APA, 2002), 특별한 경우란 학생이 대학원에 들어올 때 미리 수업과정에 대한 설명이 있었거나, 학생이 상담자로 성장하는 데 방해가 되는 개인적 문제를 갖고 있는 경우를 뜻한다. 상담 프로그램에서 학생에게 개인상담이나 집단상담을 받을 것을 필수로 요청하는 경우에 학생을 평가하는 교수가 상담자가 되는 것은 윤리적이지 않다. 교육이나 치료의 목적으로 학생이 받는 상담은 프로그램 외부의 상담자가 진행하는 것이 좋다.

상담 수업에서의 정확하고 공정한 평가는 상담자가 가지는 일반 대중의 복지 증진을 위한 윤리와도 관련된다. 상담 교과에서 상담자가 평가하는 것은 상담수련생이 주어진 과목에서 목표로 하는 지식과 기술을 습득했는지에 관한 것이다. 상담수련생이 그 수업에서 요구되는 능력을 습득하지 못했을 때, 상담자는 공정한 평가와 적절한 조처를 취해 상담수련생이 요구되는 능력을 습득하도록 해야 한다. 상담수련생의 졸업장은 일반 대중에게 상담자의 능력을 알려 주는 하나의 지표가 된다. 수업에서 요구되는 능력을 갖지 못한 학생에게 좋은 학점을 부과하여 능력이 부족한 상태에서 상담수련생이 졸업하고 상담 서비스를 제공하도록 한다면, 이는 상담자가 일반 대중의 복지 증진을 위해 노력해야 한다는 윤리 조항에 위배된다.

상담자 교육에서 상담자는 상담수련생의 문화적 배경의 차이에 따라 이들을 차별하지 않도록 주의한다. 상담자 교육 프로그램에서 상담수련생을 선발할 때 문화적 배경이 다른 학생들이 골고루 교육의 혜택을 받을 수 있도록 다양한 학생들을 선발할 수 있는 기준을 만들어 적용하거나, 교육이나 평가 과정에서 학생들이 자신의 성별, 출신 학교, 나이 등 특정한 배경 때문에 차별적인 대우를 받지 않도록 평가 방식에 주의를 기울인다.

(3) 상담자 교육에서의 다중 관계

상담자 교육에서 상담자는 상담수련생과 불가피하게 다양한 관계를 맺게 된다. 예를 들어, 대학원생이면서 상담자의 수업을 듣는 학생이 연구 조교가 되기도 하고, 상담자가 학생에게 수퍼비전을 제공하게 되기도 하며, 학위 논문을 공동으로 발표하는 공동연구자가 되기도 한다. 교수-학생 관계에서는 차를 서로 얻어 탄다거나, 책을 빌려 준다거나, 물건을 함께 구입하고, 식사를 함께하는 등의 사적인 관계에서 나타나는 행동들도 빈번하게 나타난다. 이러한 행동들은 분명히 교수-학생 간 관계의 경계를 흐리게 하지만, 한편으로는 관계를 발전시키고 서로 편안하게 해 학생의 전문적 성장을 돕는다. 그렇다면 교수-학생 관계에서 어느 정도의 행동은 윤리적이고 어느 정도의 행동은 비윤리적인가?

상담자와 상담수련생의 관계에서 주목할 만한 것은 멘터(mentor)-멘티(mentee) 관계로 발전하는 경우다. 교수-학생 관계에서 다중 관계가 불가피한 경우를 제외하고는 부정적으로 여겨지는 데 반해, 멘터-멘티 관계는 멘터가 상담수련생의 개인적, 전문적 성장을 도와주는 긍정적인 관계로 여겨진다. 멘터-멘티 관계는 초기에는 멘터가 멘티의 성장을 주로 도와주는 일방적인 관계에서 시작하지만, 관계가 발전함에 따라 서로 도움을 주고받는 상호적인 관계로 발전하는 것으로 알려져 있다.

대체로 긍정적으로 지각되는 멘터링 관계에서도 상담자가 경계해야 되는 부분이 있는데, 바로 멘터링 관계가 발전하면서 친구 관계로 발전하게 되는 경우다. 이는 특정한 멘터링 관계에서 나타나는 것은 아니며, 멘터링 관계의 발달 과정에서 전형적으로 나타나는 특성이다. Welfel(2006)은 멘터링 관계의 특징인 사적이고 친밀한 관계로 인해 학생의 평가에서 상담자가 객관성을 잃는 등 상담자의 전문성에 영향을 받을 수 있으므로 이를 경계할 필요가 있다고 하였다. 교수-학생 간 멘터링 관계가 교수의 전문적 행동에 영향을 주지 않도록 하기 위한 지침으로 Welfel(2006)은 다음의 몇 가지 사항을 제안하였다.

- 학생에게 교수의 개인적인 문제를 털어놓는 것을 자제할 것
- 학생과 보내는 시간의 초점을 개인적인 것에 두지 말고 전문적인 사항에 둘 것
- 학생들과 단체로 만나고, 한 학생과 반복해서 일대일로 만나는 것을 피할 것
- 자질이 있는 모든 학생에게 멘터링 관계를 형성할 수 있는 기회를 열어 둘 것
- 멘터링 관계에 대해 동료에게 자문을 구할 것
- 멘터링 관계를 그만두고 싶어 하는 학생에게 그럴 수 있도록 할 것

상담자 교육에서 상담자의 윤리는 결국 상담자가 교육을 하기에 충분히 유능하며 주어진 영역에서 학생이 나타내는 교육의 성과를 공정하게 평가할 수 있는지, 학생과의 관계에서 상담자가 전문성을 유지하면서 충분히 좋은 관계를 유지해 나갈 수 있는지의 문제와 관련된다. 상담자 교육에서 윤리적 행동을 유지하는 데는 자신의 행동이 전문적인지, 자신의 이익보다 상담수련생의 전문가로서의 성장에 도움이 되는 행동을 하고 있는지에 대한 상담자의 민감성 및 성찰이 도움이 된다.

특히 상담수련생의 윤리적 민감성 및 윤리적 행동을 촉진하기 위해서는 상담자 교육 프로그램의 공식적인 교육과정뿐만

아니라 비공식적인 교육과정의 윤리적인 분위기가 중요하다. Knapp와 VandeCreek(2006)는 상담자 교육 프로그램에서 교수들이 윤리적인 행동을 가르칠 뿐만 아니라, 상담 프로그램의 분위기가 긍정적이어서 교수들이 자신의 윤리적 기준과 갈등에 대해 학생들과 공개적으로 얘기할 수 있을 때 학생들도 윤리적 민감성을 배울 수 있다고 하였다. 이로써 학생들은 윤리적 기준을 배울 뿐만 아니라 이를 따르려고 노력하고, 자신의 윤리적 이상 및 갈등을 공개적으로 논의함으로써 프로그램의 윤리성을 높이는 데 기여할 수 있다.

2) 상담 연구의 윤리

자료를 수집하고 연구 결과를 기록하고 발표하는 상담 연구의 전 과정에서도 상담자는 다양한 윤리적인 문제들에 접하게 된다. 상담 연구의 윤리와 관련한 한국상담학회(2002)의 윤리 규정은 〈표 3-8〉과 같다.

상담 연구의 윤리에 관련되는 일반적인 윤리적 지침은 연구 참가자 자율성의 존중, 연구자의 성실성의 유지, 연구 참가자 및 일반 대중의 복지의 증진, 연구의 과정이나 결과로 연구 참가자가 피해를 입지 않도록 할 것, 연구 참가자의 비밀보장 등과 관련된다. 각 주제는 다음에서 보다 자세히 다룰 것이다.

〈표 3-8〉 상담 연구 관련 윤리규정(한국상담학회, 2002)

6. 상담 연구 (1) 상담 연구자는 연구의 결과가 상담의 이론과 실제에 바람직한 기여를 하도록 노력해야 되고, 연구로 인한 문제에 대해 책임을 져야 한다. (2) 상담 연구자는 피험자에게 연구의 필요성을 포함하여 연구에 대한 전반적인 사항에 대해 상세히 설명하여 동의를 얻어야 하며, 그들이 자발적으로 연구에 참여하도록 해야 한다. (3) 연구 결과를 발표할 때에는 그 결과와 관련된 모든 정보를 정확하게 서술해야 하며, 객관적이고 공정한 발표가 되게 하고, 연구 결과가 다른 상담자의 연구를 위한 자료가 될 수 있도록 해야 한다.

(1) 연구 참가자 자율성의 존중

연구 참가자의 자율성에 대한 존중은 연구에 대한 참여가 참가자의 자발적인 의지에 따라 이루어져야 하며, 강제로 이루어져서는 안 된다는 것이다. 연구 참가자는 연구에 대한 전반적인 내용에 대해 아는 상태에서 참여를 결정하는 것이 바람직하다. 이를 위해 상담자가 연구 참가자에게 미리 설명해야 하는 정보들은 다음과 같다(APA, 2002).

- 연구의 목적, 예상되는 기간, 과정
- 연구가 시작된 다음에도 연구 참여를 거절하거나 철회할 수 있는 권리
- 연구 참여를 거절하거나 철회할 경우 발생 가능한 결과들
- 연구 참가 결정에 영향을 끼칠 수 있는 요소들: 잠재적 위험, 불편감, 부정적 영향

- 연구의 효과
- 연구 참가자에 대한 비밀보장과 비밀보장의 한계
- 참여에 대한 보상
- 연구에 관해서나 연구 참가자의 권리에 관해 질문이 있을 때 연락할 곳

위의 윤리규정에 따르면, 연구자는 연구 참가자가 연구에 참가하기 전에 연구가 잠재적으로 대중에게 줄 수 있는 도움, 연구의 참가자가 겪게 될지도 모르는 심리적이거나 신체적인 불편감, 연구에 참가한 후 얻게 될지도 모르는 장기적인 영향 등에 대한 정보를 가진 상태에서 연구 참가를 결정할 수 있도록 도와주어야 한다. 잠재적 참가자가 연구 참여를 결정하고 난 이후에도 그 결정을 연구 과정 중 언제든 철회할 권리가 있다는 것을 알려 주는 것도 중요하다. 특히 수업 중 하나의 과제로 연구 참여가 이루어졌다면 연구에 참여하지 않아도 학생이 수업에서의 평가에 피해를 보지 않도록 적절한 조처가 취해져야 한다. 예를 들어, 연구 참여를 원하지 않는 학생에게는 이에 대응하는 다른 과제를 주어서 연구에 참여한 것과 같은 정도로 점수를 받을 수 있도록 조처를 취할 수 있다. 연구에 참가함으로써 받게 되는 보상(물질적 보상을 포함한 기타 다양한 보상들)이 있다면 여기에 대한 정보도 함께 제공한다.

연구 참가자에게 연구에 대한 정보를 미리 제공한다는 것은, 연구자가 연구의 과정이나 내용에 대해 속여서는 안 된다는

점을 전제로 한다. 그런데 때때로 상담 연구에서 연구의 목적을 참가자에게 솔직하게 알리면 연구에서 원하는 결과를 얻기 어려운 경우가 있다. 상담에서 진행되는 위약효과(placebo effect)에 대한 연구가 대표적이다. 이에 관하여 미국심리학회(APA, 2002)의 윤리규정은 연구 결과가 매우 중대해서 그 연구를 수행해야 하고, 연구의 대상자를 속이지 않는 대안적인 연구계획을 설계하는 것이 불가능한 경우에만 이를 진행할 것을 제안한다. 연구의 초기에 불가피하게 연구의 목적을 속이더라도 연구 참가자의 참여가 끝나는 대로 상담자는 연구의 원래 목적에 대해 설명해 주어야 하며, 이때 연구 참가자가 자신의 정보가 연구에 포함되기를 원하지 않으면 자료를 회수할 수 있도록 한다.

연구 참가자는 연구가 시작되기 전 연구의 결과가 어떤 형태로 발표되고, 어떤 장소에서 누구를 대상으로 발표가 될 것인지에 대해 알 권리가 있다. 대체로 연구의 결과는 집단 점수로 보고되어 연구물을 읽는 사람이 연구 참가자 개개인에 대한 정보를 알 수 없도록 되어 있다. 특히 사례 연구의 경우는 연구 참가자의 중요한 인구학적 정보를 비밀로 하거나 바꾸어 연구 결과에 접하는 사람이 연구 참가자가 누구인지를 알 수 없도록 하여서 이에 대한 최대한의 비밀보장을 한다.

연구에 관한 질문이나 피드백이 있을 때 이를 의논하는 대상은 흔히 연구자, 연구팀의 연구 책임자 혹은 연구자가 속한 기관의 연구윤리위원회가 된다. 미국의 경우는 각 대학이나 연구 기관에 연구윤리위원회가 설치되어 있어서, 그 기관에 속한 모든 학생과 교수, 연구자는 연구계획에 대한 심의와 승인을 연구윤리위원회로부터 사전에 얻도록 되어 있다. 연구 참가자들이 연구에 대해 문제가 있다고 생각하는 경우 연구자가 속한 기관의 연구윤리위원회에 연락할 수 있도록 관련 연락처가 연구 참가자에게 주어져야 한다. 대학이나 연구 기관의 연구윤리위원회가 아직 활성화되지 않은 우리나라의 경우는, 연구에서 서면의 형태로 연구 참가자의 동의를 받는 경우가 많지 않다.

우리나라에서는 아직 상담 연구에서 연구 참가자의 서면 동의를 많이 사용하지는 않지만, 아동청소년상담학회(2003)의 윤리규정에서는 아동 및 청소년을 연구의 대상으로 할 때 보호자의 동의를 먼저 구할 것을 규정하고 있다. 연구 참가자가 정보에 근거한 동의를 하도록 돕는 과정은 앞으로 연구가 보다 윤리적으로 진행되도록 하기 위해 반드시 포함되어야 하는 부분이다.

(2) 연구 참가자 및 일반 대중에 대한 무해성의 원칙과 복지의 증진

상담 연구는 연구 참가자에게 해가 가지 않도록 진행되어야 하고, 연구의 결과는 연구 참가자 및 일반 대중의 복지를 증진시키는 것이어야 한다. 연구 참가자에게 신체적, 심리적 해가 가지 않도록 하기 위해, 연구자는 연구의 계획 단계에서 연구가 참가자에게 미칠 잠정적인 영향을 면밀하게 검토해야 한다. 연구 과정에서 연구자가 적극적으로 연구 참가자에게 해를 입히는 연구를 기획하지는 않겠지만, 연구 과정이나 결과가 특정 집단에 해를 끼칠 수 있음을 주의해야 한다.

특히 상담에서의 연구는 연구 참가자의 심리적인 특성에 관한 것이 연구의 주제가 되므로, 연구에 참가하는 과정에서 참가자가 기억하고 싶지 않은 기억을 하게 되는 경우도 있고, 이런 기억이 심리적으로 해를 주기도 할 것이다. 특히 아동이나 청소년을 대상으로 아동학대, 가정이나 학교 폭력, 성적 정체성 등과 같이 민감한 주제에 대한 연구를 할 때 그 연구가 참가자에게 미치는 영향에 대해 사전에 면밀히 검토해야 하며, 해를 줄 가능성이 있을 경우 상담 등의 적절한 조처를 취해 주는 것이 좋다. Welfel(2006)은 상담에서의 연구가 내담자에게 해를 끼칠 수 있는 좀 더 극단적인 예로, 상담자가 특정 상담기법이 우울증 환자에게 효과적인지를 보기 위해 심각한 우울증이 있고 자살 경향성이 있는 내담자들을 상담 대기자 통제 집단에 배치하고 일정 기간 동안 상담을 하지 않는 경우를 들었다.

상담 연구는 연구 참가자의 시간과 노력을 바탕으로 이루어진다. 이렇게 이루어지는 연구의 결과는 연구 참가자 및 일반 대중의 복지에 기여하는 것이어야 한다. 이를 위해 연구자는 자신이 연구하려는 분야에서 기존에 진행된 연구들을 잘 파악하고 있어야 하고, 자신의 연구가 기존의 연구 결과에 더해서 대중의 복지에 기여할 수 있는 것인지를 검토해야 한다. 연구자가 특정 연구 분야에서 필요한 연구가 어떤 것인지를 검토하고 적절한 연구 설계를 하는 것은 연구자의 성실성과도 관련된다.

상담 연구가 일반 대중의 복지 증진에 기여해야 한다는 원칙과 관련해, 2007년 미국심리학회의 연차대회 중 상담윤리 관련 라운드테이블 회기에서(Woody, Behnke, & DeMers, 2007) 논의된 다음 사례를 검토해 보자.

> 대학 교수인 A는 연구비를 받아 여러 연구를 진행하고 있고, 연구에는 주로 대학원생들을 유급 연구 조교로 고용한다. 연구 조교 중 한 사람이었던 박사 과정 학생 B는 연구비를 받아 진행된 연구를 기초로 박사학위 논문을 완성해 2년 전 졸업하였다. 지도교수 A는 B의 학위 논문이 3개의 개별적인 논문으로 학회지에 출판될 수 있다고 보았고, B에게 여러 번 논문을 쓸 것을 제안하였지만, 상담실에서 상담자로 일하는 B는 논문을 학회지에 내고 싶지만 시간이 없다고 하였다. B는 A가 지난 6개월간 보낸 3통의 이메일에는 아예 응답조차 하지 않았다. A는 연구가 종결된 지 너무 오래 지나 B의 연구를 출판하지 못할 것에 대해 걱정하고 있다. 여기에서 A가 취할 윤리적인 행동은 무엇인가?

이 사례에 대하여 논의된 내용 중 한 가지는 B가 자신의 학위 논문을 학회지에 게재하는 데 소극적인 입장을 취할 때, A

가 이를 계속 격려하는 것이 윤리적인 행동인가 하는 점이었다. 라운드테이블에 참가하였던 학자들 중 몇몇이 박사학위 논문의 출판 여부는 B의 의사에 달려 있고, 결국 B가 원하지 않는다면 출판할 수 없다고 하는 B의 자율성을 중시하는 입장을 취하였다. 이러한 견해에 대하여 미국심리학회 윤리위원회 위원장인 Behnke는 우려를 나타내면서, 연구가 연구비를 받아서 수행된 것이면 연구자는 연구 결과를 학회지에 발표해 여러 사람이 그 결과를 보고 도움을 얻을 수 있도록 해야 한다고 주장하였다. 연구비로 연구가 진행된 경우, 연구 결과의 학회지 발표가 연구비를 받는 조건에 포함되지 않았더라도 연구자는 연구 결과를 많이 알림으로써 대중이 연구 결과에서 도움을 받도록 노력할 필요가 있다는 것이다. 즉, 상담자는 연구가 연구 참가자에게 해만 주지 않으면 된다는 소극적인 입장보다는, 사람들에게 도움이 되는 주제를 택하고 연구를 진행해서 대중의 복지를 증진시키는 데 기여하는 적극적 입장을 취하는 것이 바람직하다.

(3) 연구 결과의 발표 및 이용

연구 결과를 발표할 때 가장 기본적인 사항은 연구를 통해 얻은 자료를 있는 그대로 정확하고 공정하게 발표하는 것이다. 연구자는 특히 자신이 흥미로워하는 결과뿐만 아니라 자신의 가설과는 반대되는 결과 또는 특정한 프로그램이나 기관, 서비스의 방향과 반대되는 결과가 나타났을 때 이를 숨기거나 최소화해서는 안 된다(APA, 2002). 연구의 자료가 왜곡되는 것은 연구의 결과를 사실로 받아들이고 그 결과를 기초로 후속 연구를 진행하거나 연구의 결과를 실제 생활에 응용하는 사람들에게 피해를 주게 된다.

연구자는 타인의 연구를 표절하여 자신의 아이디어인 것처럼 발표하거나, 자신의 연구물이라고 하더라도 중복해서 여러 학회지에 게재해서는 안 된다. 연구자가 다른 사람의 아이디어를 인용할 때는 인용에 대한 학회의 방식에 따라 인용임을 적절하게 밝히고 참고문헌을 정확하게 제시한다. 최근 우리나라에서도 연구자의 표절 문제에 대한 관심이 높아지고 있고, 특히 다른 사람의 아이디어에 대한 표절뿐만 아니라 자신의 연구물을 표절해서 마치 새로운 연구인 것처럼 발표하는 자기표절에 대해서도 경각심이 높아지고 있다.

(4) 연구의 저자 순서

연구가 공동으로 수행된 경우, 연구의 저자 순서를 무엇에 따라 결정할 것인가 하는 문제도 중요한 윤리적 결정 사항이다. 연구에서 중요한 기여를 한 사람이 저자에 들지 못하거나, 저자가 될 만큼의 기여를 하지 못한 사람이 연구의 저자로 들어가는 것 등은 윤리적이지 않다. 연구의 저자 순서는 일반적으로 그 연구에 대한 기여도에 따라 결정되는데, 연구의 전 과정 중 어떤 부분에 참가한 것이 보다 중요한 기여가 되는가 하는 것이 쟁점이 된다. 윤리강령은 연구에서 어떤 역할이 가장 중요한 부분이고 어떤 부분이 덜 중요한지에 대한 기준을 제공하지는 않는다. 연구 저자의 결정에 관한 경험적 연구의 결과를 보면, 연구자들은 연구 과정에서 연구에 관한 아이디어를 내거나 연구 논문을 작성하는 것이 가장 중요한 작업이라고 여기는 것으로 나타난다(Wagner, Dodds, & Bundy, 1994).

연구의 저자 순서에 관한 결정에서 쟁점이 되는 다른 중요한 경우는 교수가 지도 학생의 논문을 학회에서 발표하거나 학회지에 게재하려고 할 때다. 미국심리학회(APA, 2002) 윤리강령은 대학원생의 학위 논문에 기초한 논문은 특별한 경우가 아니라면 학생이 제1저자가 되어야 한다고 규정하고 있다. 그런데 이러한 일반적인 기준도 학생의 논문에서 지도교수의 기여가 어느 정도였는지에 따라 달라질 것이다. 교수가 다른 연구자들, 특히 대학원생과 함께 논문을 준비할 때 저자 순서에 대한 부분을 연구 시작부터 먼저 논의하는 것이 좋다.

미국 내 상담 및 심리치료 영역의 주요한 학술지에 논문을 게재한 109명의 연구자들을 대상으로, 게재된 연구의 저자 순서와 그 결정 과정에 대한 만족도를 조사한 Geelhoed 등(2007)의 연구에서, 대부분의 연구자들은 저자의 순서와 그 결정 과정에 만족한다고 하였으나 일부는 저자 순서가 부적절하다고 보았다. 부적절하다고 판단한 경우는 신의나 의무감, 힘의 불균형, 논문 출판에 대한 압력 등으로 저자가 될 만큼의 기여를 하지 않았는데도 저자에 포함된 경우였다.

연구의 저자 순서에 관한 현재의 윤리규정은 특별히 안 되는 것이 무엇인지에 대해서만 다루고, 실제로 연구에서 가장 중요한 기여가 무엇인지에 대해서는 다루고 있지 않다. 또한 연구에 기여를 했지만 저자가 될 만큼 충분한 기여가 아니면 각주에 감사의 표시만 하면 된다고 되어 있는데(APA, 2002), 이도 구체적이지 않다. 연구의 저자에 대한 윤리규정이 실제적인 도움을 주기 위해서는 현재보다 좀 더 구체적일 필요가 있다.

6. 학교상담

학교상담자는 초등학교에서 고등학교까지 재학 중인 학생들과 학부모, 그리고 교사들을 대상으로 개인상담, 집단상담, 가족상담 등 직접적인 상담 활동과 교육, 자문을 수행한다. 학교상담은 미성년자인 내담자를 대상으로 학교에서 진행되기 때문에 학교 밖에서 성인을 대상으로 상담이 진행되는 것과는 달리, 여러 가지 윤리적으로 고려해야 할 문제를 가진다. 학교에서는 상담자뿐만 아니라 담임교사, 학생 주임, 학교의 행정가가 모두 학생의 복지에 책임을 지게 되므로, 상담자가 상담과정에서 윤리적 결정을 할 때 고려해야 할 사항들이 복잡해진다. 여기에서는 학교상담의 여러 윤리적 쟁점 중 정보에 근거한 동의의 문제, 학교에서의 비밀보장과 그 한계, 위기 상담, 학교에서의 평가 등을 중심으로 다룰 것이다.

초등학교와 중등학교에 근무하는 학교상담자의 윤리의식

에 관한 최근의 연구 결과를 보면(강진령, 이종연, 유형근, 손현동, 2007), 우리나라의 학교상담자들은 심리검사, 비밀보장의 예외 사항, 이중 관계 및 아동학대와 관련된 사항에 대해서는 윤리적으로 옳은 행동에 대해 비교적 일관되게 반응하였으나, 정보에 근거한 동의의 과정, 비밀보장과 학부모의 권리 간의 갈등 등에 관해서는 윤리적이라고 응답한 상담자의 행동이 서로 일치하지 않았다. 구체적으로, 연구에 응답한 학교상담자들은 비밀보장의 한계에 대해 내담자에게 서면으로 알려 주지 않고 구두로만 설명하는 것도 괜찮다(63.6%)고 생각하거나, 상담 내용을 상담자의 판단에 따라 학부모에게 알려 줘도 괜찮다(70%)고 생각하는 것으로 나타났다. 이러한 응답은 윤리강령에서 권고하는 정보에 근거한 동의의 과정이나 비밀보장 관련 규정과는 다르며, 이는 응답자의 51.7%만이 상담 윤리 교육을 받았다고 한 현실과 관련된 것으로 보인다. 이 연구 결과는 학교상담에서 상담자 윤리의 교육과정과 관련해 개선되어야 할 여지가 많음을 나타낸다.

학교상담에서는 상담자가 윤리규정을 알고 있다고 하더라도 청소년기에 드러나는 여러 가지 복잡한 사건들로 윤리적인 갈등을 겪게 되고, 윤리적으로 올바른 상담자의 행동이 무엇인지를 결정하기가 쉽지 않다. 학교상담자가 윤리교육을 따로 받지 않고 상담을 진행한다면, 다양한 상황에서 윤리강령에서 규정하고 있는 바와 다르게 행동할 가능성이 있다. 이 장에서는 한국학교상담학회(2004), 미국학교심리학자협회(National

Association of School Psychologists; NASP, 2000), 미국학교상담자학회(American School Counselor Association; ASCA, 2004)의 학교상담 윤리규정을 참고로 하여 관련된 주제들을 기술하였다.

1) 학교상담의 정보에 근거한 동의

정보에 근거한 상담 동의는 상담자와 내담자 간에 이루어지지만, 초 · 중등학교에서의 상담은 내담자가 미성년이므로 상담에 대한 보호자의 동의가 필요하다는 면에서 성인상담과 차이가 있다. 일반적으로 미성년을 대상으로 한 상담에서는 상담 정보를 아동, 청소년과 이들의 보호자에게 함께 설명하고, 내담자와 보호자가 모두 상담 동의서에 서명을 하는 것으로 되어 있다. 아동이나 청소년 내담자가 자발적으로 상담을 신청하는 경우보다는 교사나 학부모가 먼저 상담을 시작하는 경우가 많으므로, 이들 상담의 대부분은 내담자의 상담 사실을 보호자가 알게 된다.

아동의 경우는 드물지만, 청소년의 경우는 학교상담실을 통해 학생이 상담을 신청하면서, 본인이 상담을 받는다는 사실을 부모에게 알리지 말아 달라고 요청하는 경우가 있다. 이런 경우 상담자는 정보에 근거한 동의와 관련한 윤리적 갈등을 겪을 수 있다. 이때 상담자가 부모의 동의 없이 청소년의 동의만 가지고 상담을 진행할 수 있는가? 이 문제에 대해 Sciarra(2004)는 내담자의 즉시적 요구를 들어 주기 위해 몇 회기의 상담을 제공하는 것이 좋다고 하면서도, 궁극적으로는 부모의 상담 동의를 얻는 것이 상담자-보호자 간 협조 체제를 만들어 상담에 도움이 될 수 있음을 강조하였다.

정보에 근거한 동의와 관련해 미국학교심리학자협회(NASP, 2000)는 상담자가 아동의 나이와 이해할 수 있는 능력에 맞게 상담 관계에 관해 분명히 설명해야 한다고 규정하면서, 이때 다룰 내용에는 상담 서비스가 요청되는 이유, 상담관련 내용에 대해 누가 알게 되는지, 상담을 통해 어떤 결과를 기대하는지 등이 포함된다고 하였다. 아동이 자발적으로 상담을 신청한 경우 상담자는 가능한 빨리 부모에게 상담 사실을 알리고 동의를 구하는 것이 좋다.

우리나라에서는 청소년이 자발적으로 상담을 신청했을 때 상담자가 부모의 동의를 받아야 하는지에 대해 법적으로 정해진 것이 없다. 청소년상담센터에서는 부모가 아동이나 청소년의 상담을 신청해서 함께 오는 경우가 아니면, 청소년이 혼자 상담을 신청해 오는 경우 부모의 상담 동의를 받지 않은 채 상담을 진행한다. 학교상담에서도 학생이 상담을 신청했을 때 부모의 동의 없이 상담을 진행하는 경우가 많다. 이렇게 상담이 진행되는 이유는 청소년 내담자가 부모에게 본인의 상담 사실을 알리고 싶지 않다고 한다든가, 내담자의 호소 문제가 부모와의 문제이기 때문에 부모에게 상담 사실을 알리기를 꺼려 한다든가 하는 것이다.

아동과 청소년 상담에서는 청소년이 무엇을 원하는가 하는 점이 상담에서 고려되어야 하지만 이것만이 유일한 고려 사항이 되어서는 안 된다. 상담자는 상담이 청소년 내담자에게 장기적으로 도움을 주기 위해서 정보에 근거한 동의의 과정에 누가 참가하는 것이 좋은지를 심사숙고해 볼 필요가 있다. 아동과 청소년의 많은 문제는 부모가 문제를 인식하고 적극적으로 개입함으로써 변화될 수 있다. 이를 고려한다면 청소년 상담에서 내담자로부터만 상담 동의를 얻는 현재의 상담 과정은 개선해야 될 부분이다.

2) 학교상담의 비밀보장과 한계

학교상담에서도 내담자와의 상담 관계 및 상담 내용에 대한 비밀보장은 상담의 바탕이 된다. 학교에서의 비밀보장과 관련해 한국학교상담학회(2004)의 윤리규정에서는 상담자의 비밀보장의 의무를 명시하고 있으며, 이를 내담자 및 내담자의 보호자에게 상담의 초기에 명시적으로 설명해야 한다고 되어 있다. 한국학교상담학회의 비밀보장과 관련한 윤리규정은 〈표 3-9〉와 같다.

학교상담에서 부모를 비롯한 내담자의 보호자가 상담 동의 과정에 참가하게 되면 상담의 비밀보장은 깨지기 쉽다. 아동과 청소년상담의 의뢰인이 담임교사나 아동의 보호자라면, 이들은 상담 의뢰 후 상담의 내용 및 진행 상황에 대해 상담자에게 물어볼 수 있다. 다른 예로는, 상담을 현재 받고 있거나 과거에 받았던 학생이 특정한 잘못을 해 학교에서 징계를 받게

〈표 3-9〉 학교에서의 비밀보장(한국학교상담학회, 2004)

1. 학생에 대한 책임 학교상담자는 … (중략) … 2) 비밀을 공개하라는 법적인 요구가 있는 경우를 제외하고는 상담자가 상담을 통해 알게 된 상담수혜자의 정보에 대해 비밀을 보장한다. 비밀보장의 의미와 한계에 대하여 서면상으로 또는 배부된 진술문을 통하여 상담수혜자에게 분명히 전달한다. 상담자 스스로 판단하기 어려운 의문 상황이 생길 때는 다른 전문가들에게 자문을 구한다. 2. 학부모에 대한 책임 학교상담자는 … (중략) … 2) a. 상담수혜자와 상담자 간에 형성된 상담 관계에 배한 비밀보장은 상담자의 중요한 역할임을 학부모에게 알린다. c. 학부모나 보호자가 상담수혜자에 관한 정보를 공유하기를 원하는 바람이 존중되도록 적절하게 노력한다.

된다면, 학교의 행정가는 내담자가 상담에서 얘기한 여러 가지 정보를 개방하라는 압력을 상담자에게 가할 수도 있다. 내담자를 상담에 의뢰한 부모, 담임교사, 학생 주임 등 관련자에게 상담자가 상담의 과정 및 내용에 대해 어떤 범위에서 어느 정도를 개방하는 것이 좋은지는 학교상담자가 결정해야 할 중요하고도 어려운 과제가 된다.

상담에서 비밀보장의 한계와 관련된 가장 중요한 경우는 내담자나 타인에게 즉각적인 위험이 생기는 상황이다. 특히 내담자에게 미치는 잠정적인 위험을 평가할 때, 내담자가 미성년자인 경우는 성인 내담자에 대한 위험의 판단과 비교해서 판단 기준이 달라질 수 있다. 미국학교상담자학회(ASCA, 2004)는 내담자 자신과 타인에게 위험이 되는 상황이 발생했을 때 학교상담자의 윤리에 대해 〈표 3-10〉과 같이 규정하고 있다.

〈표 3-10〉 내담자와 타인에게 위험한 상황에서의 윤리규정(ASCA, 2004)

A. 7. 자신과 타인에 대한 위험 전문적 학교상담자는 a. 학생의 상태가 자신과 타인에 대해 분명하고 즉각적으로 위험이 된다면 부모/보호자, 적절한 권위자에게 그 사실을 알린다. 이런 과정은 주의 깊게 생각하고, 가능하다면 상담전문가에게 자문을 구한 다음에 이루어져야 한다. b. 학생에게 가해지는 위험이 최소화되도록 해야 하는데, 이를 위해 1) 내담자에게 상담자가 취할 조처에 대하여 알리고, 2) 비밀보장을 깨야 될 때에는 내담자를 부모 / 보호자와 상담자의 삼자대화에 포함시키며, 3) 비밀보장을 어떻게 깨고 누구에게 이야기를 할 것인지에 대한 결정에 내담자도 참여하도록 한다.

학교상담에서 흔히 나타날 수 있는 다음의 사례에서 본인이 상담자라면 어떻게 할 것인지를 생각해 보자.

민정이는 중학교 2학년 여학생이다. 민정이는 초등학교 고학년 때부터 어머니와 사이가 좋지 않아서 가출과 무단결석을 반복하고 있다. 민정이는 상담자에게 오늘 학교가 끝난 후 남자 친구와 함께 가출을 할 계획인데, 며칠 동안 가출을 할지는 결정하지 않았다고 말한다. 상담자가 부모에게만 연락을 하지 않는다면 상담자에게는 가출해 있는 동안 연락을 하겠다고 얘기한다. 민정이 어머니에게 학교상담자가 민정이 일로 의논하려고 전화한 적이 있는데, 이때 민정이 어머니가 무조건 화를 내고 본인의 방식에 간섭하지 말라고 하여 상담자가 다시 연락하기를 어려워하는 상황이다. 민정이는 상담자가 어머니에게 연락하면 자신은 며칠 동안 집밖에 나오지 못하고 집에 갇혀 있게 될 것이라고 얘기하였다.

앞의 사례에서 상담자는 여러 가지 충돌하는 윤리 기준에 대해 생각할 것이다. 상담 내용의 비밀보장, 내담자에게 미치는 잠재적인 위험(risk)이나 해(harm), 내담자의 문제에 대한 보호자의 알 권리의 존중, 비밀보장을 깨는 것이 상담 관계에 미칠 잠정적인 영향 등이 이 사례에서 상담자의 결정과 관련된다. 박사 과정의 상담 윤리 수업에서 위의 사례와 유사한 상황에 대한 상담자의 윤리적 갈등에 대해 토론한 적이 있는데, 그 수업을 듣던 박사 과정 학생들(즉, 상담자들) 중 청소년 자녀를 둔 부모는 당연히 부모에게 얘기해서 협조를 구하겠다고 얘기한 반면, 아직 결혼을 하지 않은 상담자는 내담자의 요청에 대해 긍정적인 쪽으로 토론을 해서 흥미롭게 생각한 적이 있다. 상담자 반응의 이러한 차이는, 문제 상황에 대해 비밀보장을 깰 것인지의 의사결정에서 상담자 자신의 특성이 중요하게 영향을 주고 있음을 나타낸다. 위에서 기술된 내용만으로 이 사례에서 부모에게 얘기를 하는 것이 좋은지 아닌지를 결정하는 것은 성급한 일이다. 임상적인 결정을 위해서는 위의 내담자의 문제력, 현실 검증력 및 문제 해결 능력, 부모의 문제 해결 능력 등이 종합적으로 고려되어야 할 것이다.

학교상담에서는 상담의 대상이 미성년자이므로, 상담자들은 비밀보장의 한계가 성인의 경우와는 다르다고 인식하는 것으로 나타난다. 미국 플로리다 주의 학교상담자들을 대상으로 비밀보장과 관련한 상담자의 의사결정을 조사한 Isaacs와 Stone(1999)의 연구에서, 상담자들은 학생의 나이, 상담자가 일하는 학교의 수준(초, 중, 고), 내담자 상황의 위험성의 정도가 비밀보장을 깨고 보호자에게 얘기를 할지를 결정하는 데 중요한 변수라고 생각하는 것으로 나타났다. 특히 청소년들은 성인상담에서는 비밀보장의 한계에 해당하지 않는 청소년기의 위험한 문제들—가출, 약물 사용, 폭행, 임신 등—을 가지고 있고, 상담자는 이런 경우 보호자에게 사실을 알려야 할지를 결정해야 한다.

Isaacs와 Stone(1999)의 연구에서 연구자들은 흡연, 마약 사용, 집에서 몰래 빠져나가는 것, 성적 행동, 낙태, 범죄, 우울/자살, 다른 학생에게 폭행을 가하거나 당하는 것 등을 포함하는 22개의 시나리오에 대해 상담자들이 각각의 경우 비밀보장을 깰 것인지를 조사하였다. 연구의 응답자들은 자살 시도(97.6%), 피해를 당한 데 대한 보복 행동(94.2%), 코카인 사용(83.7%), 무장 강도(79.5%), 우울증의 징후(76.9%), 낙태(69.1%) 등에 대하여 비밀보장을 깰 것이라고 응답하였다. 상담자들의 이와 같은 응답은 내담자의 나이에 따라서도 달라졌지만, 상담자가 초, 중, 고등학교 중 어느 학교 수준에서 일하느냐에 따라서 달라졌다. 즉, 사례에 나타난 내담자의 나이를 통제하였을 때 상담자가 일하는 학교의 급이 낮아질수록 같은 문제에 대하여 부모에게 말할 것이라고 응답한 상담자의 비율이 높아졌다.

위의 결과는 상담자들이 같은 문제라도 내담자의 나이에 따라 위험의 정도가 달라질 수 있다고 여기고, 초등학생의 경우 아동의 문제에 대한 보호자의 개입이 이를수록 문제 상황을 변화시키는 데 더 영향을 줄 수 있다고 판단한 것으로 해석된다. 그런데 상담자가 일하는 학교가 초, 중, 고등학교 중 어디냐에 따라 상담자가 비밀보장을 깨겠다고 한 응답이 달라지는 것은(초등학교에서 일하는 상담자가 비밀보장을 깰 것이라고 말한 응답이 가장 높음), 내담자 변인이 아닌 상담자 변인이 의사결정에 영향을 끼치고 있음을 나타낸다. 이는 비밀보장을 깰 지의 여부를 결정하는 데 상담자들이 좀 더 신중할 필요가 있음을 드러낸다.

비밀보장을 깰 것인지를 결정하는 데 상담자 행동의 타당성을 높이기 위해 Isaacs와 Stone(1999)은 다음의 몇 가지를 제안하였다. 먼저 상담자는 위험한 행동의 판단에 대한 상담자 자신의 편견과, 발달상 어느 시기부터 어떤 행동에 대해 내담자가 스스로 책임을 져야 하는지에 대한 자신의 편견을 알아차리기 위해서, 자신의 가치와 경험을 검토해 보는 것이 도움이 된다. 또한 상담자는 실제 상담에서 특정한 문제에 당면하기 전에, 어떤 문제나 행동에 대해 비밀보장을 깨고 조처를 취할 것인지 아닌지를 미리 생각해 보는 것이 바람직하다.

한편, 학교상담에서는 학교에서 문제를 일으킨 학생에 대한 징계의 하나로 상담을 받도록 하는 경우가 있고, 특히 상담이 수업시간에 이루어진다면 학교의 행정가들은 상담의 내용과 학생 문제의 변화에 대해 관심을 갖고 정보를 얻기를 원한다. 이런 경우에 상담자는 교장이나 교감과 같은 학교 행정가, 학생 주임, 담임교사 등과 학생에 대한 정보를 공유해야 될 때가 있다. Welfel(2006)은 학교에서 한 학생의 교육과 관련해 중요한 결정을 내려야 할 때, 이와 관련된 상담 정보를 요청한다면 다음과 같은 절차에 따를 것을 제안하였다. 먼저 상담자는 이런 내용에 대해 내담자 및 내담자의 학부모에게 미리 알리고, 담임교사와 학교 행정가에게도 비밀보장에 대한 규정을 미리 설명한다. 학교 행정가나 담임교사에게 상담에 관한 정보를 알릴 때 상담자는 학교에서 요구하는 필요한 사항에 대해 최소한의 정보만을 공개하고 상담에서 다룬 내담자의 정보에 대해 최대한 비밀을 보장한다.

3) 학교에서의 위기 상담

학교상담자는 자신이 상담하고 있는 내담자의 복지뿐만 아니라 다른 재학생들의 복지의 증진에도 관여한다. 따라서 학교상담에서의 위기란 내담자에게 특별한 문제가 생기는 경우를 포함하여, 학교 재학생들이 영향을 받을 수 있는 학교 폭력 등의 문제도 해당된다. 학교상담자가 관심을 가져야 하는 위기 상황은 학교 폭력의 문제, 내담자의 자기 자신에 대한 위협, 약물남용, 아동학대, 내담자의 범죄 행동, 임신 등의 문제가 있다.

학생들이 일상적으로 학교 폭력에 노출되어 있을 만큼 우리나라에서 학교 폭력은 점차로 심각한 문제가 되고 있다. 내담자가 상담자에게 특정한 대상에 대한 폭행 계획, 혹은 주변에서 이루어지고 있는 왕따를 비롯한 폭력 등에 대해 얘기한다면, 이때 상담자는 폭력과 관련한 이런 내용을 진지하게 다루어야 한다. 폭력이 특정한 학생을 대상으로 계획되고 있다면 대상이 되는 학생을 보호하기 위한 조처가 취해져야 한다. 내담자가 실제로 폭력을 행사할 것인가 하는 문제는 구체적인 실행 계획, 과거에 폭력을 비롯한 공격 행동에 가담한 경험, 내담자가 최근 자신의 지위를 위협받았거나 지위를 잃은 경험 등과 관련된다(Reddy et al., 2001).

타인에 대한 위협이 미래의 사건인 데 반해, 상담에서 내담자는 과거의 범법 행동에 관해 상담자에게 얘기할 때가 있다. 예를 들어, 싸움을 해서 상대방을 다치게 했다거나, 다른 학생에게 성매매를 강요했다거나, 돈을 훔치거나 뺏은 일에 대해 상담자에게 얘기할 수 있다. 내담자가 상담자에게 이와 같은 사실에 대해 고백했을 때 상담자는 이를 관련인들에게 알리는 것이 윤리적인 행동인가? 이 질문에 대해 관련 문헌을 검토한 후 Jacob과 Hartshorne(2007)은 상담자가 이런 사실을 알게 된다고 하더라도, 이를 관계 기관에 보고할 법적인 의무는 없다고 결론지었다. 이보다 좀 더 신중한 입장의 경우는(Davis & Ritchie, 1993; Welfel, 2006에서 재인용) 내담자의 문제가 형사상의 문제와 관련될 때 학교상담자는 학교 행정가에게 그 사실을 알리는 것이 좋다고 충고하였다.

내담자가 자살할 위험에 있을 때 상담자는 그 사실을 내담자의 보호자에게 알려 적절한 조치를 취하도록 해야 한다. 이때 상담자는 보호자에게 알리는 일을 내담자에게 맡기지 말고, 직접 보호자에게 알려서 내담자를 보호하는 것이 좋다. 학교상담자가 내담자의 보호를 위해 적절한 조처를 취하지 못하는 것은 윤리적, 법적 문제가 된다.

Jacob과 Hartshorne(2007)은 내담자의 약물 사용에 대한 상담자의 개입에 관해 다음과 같이 제안하였다. 내담자가 술이나 본드, 다른 화학 약품 등을 사용하면서 그 사용 정도가 내담자를 위협하는 정도라면 이러한 사실을 내담자의 보호자에게 알리는 것이 좋다는 것이다. 만약 약물의 과다 사용에 학교의 다른 학생들도 관여되어 있고 위험한 정도라면, 약물 사용으로 이들이 위험에 처할 수 있으므로 학교상담자는 그 사실을 학교의 다른 행정책임자(예를 들어, 학생 주임이나 교장, 교감)들과 의논하여 이 학생들을 도와줄 대책을 마련하는 것이 좋다. Jacob과 Hartshorne은 약물남용과 관련한 상담자의 처리 과정에서 상담자가 학생들의 소지품을 뒤지는 등의 징계 과정에는 참여하지 않아야 한다고 조언하였다.

안전하지 못한 성적 접촉, 이에 따른 질병들, 임신 등의 문제는 청소년상담에서 흔히 드러나는 문제들이다. 상담자가 내담자의 이런 문제들을 알게 되었을 때 부모에게 알릴 의무가 있는 것은 아니다. 하지만 내담자가 안전하지 못한 성적 접촉 후 몸이 아프다거나 임신의 가능성이 있다거나 하는 경우에 의사를 만나고 적절한 치료를 받도록 상담자가 조처를 취할 필요가 있으며, 이 과정에서 상담자는 보호자에게 얘기하여 보호자의 보호를 받을 것을 내담자에게 권유할 수 있다.

앞서 언급하였듯이, 상담자들은 내담자가 성인인 경우와 미성년인 경우에 비밀보장의 의무에 대해서 다르게 해석하였으며, 내담자가 어릴수록 위기 상황과 관련된 사실을 보호자에게 알리겠다고 응답하는 비율이 높았다. 학교상담에서는 상담에서의 비밀보장에 여러 가지 예외 상황이 생긴다. 이때 효과적인 상담의 진행을 위해 상담자는 상담 초기에 비밀보장의 한계를 분명히 하고, 위기 상황에서 상담자가 취하게 될 개입과 그 개입으로 일어날 수 있는 결과에 대해 내담자에게 솔직히 얘기할 필요가 있다. 한편, 상담자는 상담을 통해 알게 되는 내담자의 잘못이나 문제를 학교 행정가나 학생 주임에게 얘기해서 내담자가 징계를 받도록 하는 역할을 하는 사람이 아니다. 상담자가 내담자의 타인에 대한 위협, 이와 관련한 계획 등에 대해 관련자에게 알리고 조처를 취할 때는 내담자를 징계하는 방향이 아닌, 실제로 폭력을 행사함으로써 내담자가 처하게 될 위험한 결과에서 내담자를 보호하는 방향으로 개입이 이루어져야 하며, 이는 앞서 언급한 다른 위기 상황의 경우도 마찬가지다.

4) 교사와 학부모를 위한 자문

학교상담자의 중요한 역할 중의 하나는 동료 교사와 학부모가 학생들을 대하는 데 어려움이 있거나 교사가 학급 운영에 어려움을 겪을 때 그들을 위해 자문하는 것이다. 학교에서의 자문은 공식적으로 여러 회기에 걸친 자문의 형태로 나타날 수도 있지만 쉬는 시간을 이용한 10분 정도의 짧은 자문의 형식을 취할 때도 있다. 학교상담자는 자문에서도 상담에서와 마찬가지로 의뢰인(consultee)과 내담자의 존엄성에 대한 존중, 자문 관계에서의 성실성, 내담자 복지의 증진, 공정성 및 비차별적 태도 등의 기본 원칙에 충실해야 한다.

학교상담자가 교사나 학부모를 위한 자문을 할 때 자문은 상담의 지식과 기술을 기초로 하지만 이와 더불어 추가적인 능력을 요구한다. Brown, Pryzwansky와 Schulte(2006)는 자문가가 기관에 대한 지식, 자문 이론 및 모델에 대한 지식, 관계 기술, 중재 기술 등이 필요하다고 하면서, 따라서 자문가는 자신이 가진 능력의 범위 내에서 자문을 제공하여야 한다고 하였다. 특히 학교는 다양한 문화적 배경을 가진 학생과 학부모가 자문의 의뢰인 및 내담자가 될 수 있는 만큼, 학교상담자는 다문화 상담에서의 능력을 기르는 것이 필수적이다.

5) 학교에서의 다문화 상담

최근 우리나라도 국제결혼이 늘어나면서 초등학교에서는 이전과 달리 피부 색깔이나 민족성이 다양한 학생들이 학교에 입학하고 있다. 굳이 피부 색깔이 아니더라도 학교상담자는 성별, 세계관, 사회경제적 지위, 가치, 종교가 다른 내담자를 학교에서 만나게 된다. 내담자의 문화적 차이는 상담의 접근뿐만 아니라 학교에서 흔히 이루어지는 심리검사의 실시 및 해석의 과정에서도 중요하게 고려되어야 한다. 미국학교상담자학회(ASCA, 2004) 윤리강령의 다양성 관련 규정은 〈표 3-11〉과 같다.

〈표 3-11〉 다양성 관련 윤리규정(ASCA, 2004)

E. 2. 다양성 전문적 학교상담자는 a. 학생, 직원, 가족의 다양성을 긍정한다. b. 문화적 가치와 편견에 영향을 주는 자신의 태도와 신념을 인식하고 확장하며, 문화적 능력을 얻기 위해 노력한다. c. 억압, 인종주의, 차별, 선입견이 어떻게 개인적으로/전문적으로 자신에게 영향을 주는지에 대해 이해한다. d. 다양한 집단(민족, 종교, 나이, 경제적 지위, 특수교육의 필요성, 영어가 모국어가 아닌 집단, 이민, 성적 선호, 성별, 성 정체성, 가족 형태, 종교/영적 정체성, 외모를 포함한)과 작업하는 데 있어 인식, 지식, 기술, 효과성을 높이기 위해 교육, 자문, 훈련 경험을 쌓는다.

학교상담자는 어떤 학교에서 일하든지 자신과 문화적 배경에 차이가 있는 학생들을 접하게 된다. 학교상담자는 다문화 상담에서 자기 능력의 한계 내에서 서비스를 제공해야 하지만, 능력이 부족하다고 하여 특정한 문화적 배경을 가진 집단에게 지속적으로 서비스를 제공하지 않는다면 이는 상담에서 공정성의 원칙에 위배된다. 미국학교상담자학회의 윤리강령도 상담자가 다양한 문화적 배경을 가진 사람들에게 서비스를 공정하게 제공할 수 있도록 하기 위하여, 다양성을 긍정하고 교육, 훈련, 자문을 통해 다양성과 관련한 능력을 향상시키기 위해 노력할 것을 중점적으로 권고하였다.

4 윤리적 의사결정 및 위반 다루기

상담자는 상담, 교육, 수퍼비전, 연구 등 다양한 전문적 활동에서 윤리적 갈등 상황을 겪는다. 상담자가 윤리적으로 행동하기 위해서는 윤리에 대한 지식과 기술뿐만 아니라 상담에 대한 지식과 기술이 모두 필요하다(Brabender, 2007). 상담 윤리강령은 윤리적 기준을 제시하기는 하지만 모든 상황에 대하여 바람직한 행동을 제시하지는 못하며, 실제 상황에서 경험하는 윤리적 갈등에서는 다양한 윤리적 기준들이 충돌하는 경우가 많다. 특히 상담자가 윤리적으로 행동하기 위해서는 윤리 기준만을 익히는 것이 아니라, 다양한 윤리적 갈등 상황을 사례를 통해 미리 접하고 이런 상황에서 충돌하는 윤리적 기준에 대해 생각해 보며 갈등 해결의 과정을 미리 연습해 보는 것이 바람직하다.

우리나라에서 상담자의 갈등 상황에 대해 조사한 최근 연구를 보면(유재령, 김광웅, 2006a, 2006b; 최해림, 2002), 상담자들은 실제 상담에서 윤리적 갈등 상황을 종종 경험하는 것으로 나타났다. 아동상담자들이 상담에서 흔히 겪는 윤리적 갈등을 유재령과 김광웅(2006a)은 크게 다섯 가지의 영역으로 구분하여 제시하였는데, 이는 비밀보장 및 사생활 보호, 아동상담자의 능력, 정보에 근거한 상담 동의 관련, 상담의 구조화 관련, 상담의 적합성과 효과성 관련 영역이었다.

유재령과 김광웅의 연구(2006a)에서 비밀보장 및 사생활 보호와 관련해서 주로 드러난 갈등 상황은 비밀유지가 되어야 하는 아동의 상담 정보를 부모에게 공개하게 되거나 부모가 무리하게 요구하는 경우, 상담과 관련 없는 사람에게 아동의 상담 기록이 노출되거나 요구되는 경우 등이었다. 상담자의 능력과 관련해서는 아동의 환경을 바꾸는 데 한계를 느끼거나 아동의 변화가 너무 느리게 일어나는 경우, 상담자의 주 상담 영역과 다른 문제를 가진 아동을 상담하게 되는 경우가 자주 나타났다. 정보에 근거한 동의 영역에서는 아동과 부모의 상담에 대한 요구가 달라서, 아동은 상담에 동의하는 데 부모가 동의하지 않거나 부모가 동의하는 데 아동은 원하지 않는 경우 등의 어려움이 있었다.

상담의 구조화와 관련해서는 상담 접근을 알려 주는 과정에서 아동의 이해력이 낮아 상담자의 설명을 잘 이해하지 못하는 경우에 상담에 대한 설명에 어려움을 겪으며, 아동이 산만하거나 급해서 상담자가 설명할 시기를 놓치는 경우도 있다고 하였다. 상담의 적합성 및 효과성의 면에서는 상담을 통한 아동의 변화가 명확하게 드러나지 않는 경우, 상담의 기간에 비해 아동의 보호자가 아동의 변화에 대해 과잉 기대를 하는 경우 등이 나타났다. 아동상담자가 주로 겪는 윤리적 갈등 상황은 〈표 4-1〉에 자세히 제시되었다.

〈표 4-1〉 아동상담자가 주로 겪는 윤리적 갈등 상황(유재령, 김광웅, 2006a)

윤리적 영역의 범주	윤리적 갈등상황
비밀보장 및 사생활 보호	• 아동이 부모에게 말하지 말아 달라고 한 내용을 부모에게 말하게 될 때 • 아동이 성적 문제, 위험 행동, 비행, 사회적 범죄와 연관되거나 학대 등으로 보호가 필요한 상황 • 상담과 관련 없는 직원에게 아동의 정보가 노출되는 상황 • 아동의 부모가 상담 테이프를 빌려 보겠다고 하거나, 상담 내용을 지나치게 자세히 알려고 하는 경우 • 사례 발표를 위해 보호자와 아동의 동의를 구해야 되는 경우
상담자의 능력	• 부모가 비협조적인 경우 • 아동의 변화가 미미한 경우 • 주요 전문 영역이 아닌 아동을 맡아 개입에 확신이 없을 때 • 놀이나 활동에서 아동의 적절한 치료적 반응이 부족할 때 • 상담자의 불안, 역전이, 공감 부족 등의 경험 • 청소년 내담자의 다양한 문제에 대한 접근의 어려움 • 내담자 부모의 성인상담이 필요한데도 아동상담만 하는 경우 • 행동의 통제나 조절, 행동 변화가 안 되는 경우
정보에 근거한 동의	• 아동은 동의했는데 부모의 상담 동기가 낮거나 부모가 상담을 거부하는 경우 • 보호자만 상담에 동의하고 아동은 거부하는 경우

상담의 구조화–상담 접근에 대한 설명	• 아동의 연령, 문제 유형, 이해도에 따라 설명의 내용을 조절하기 어려운 경우 • 아동의 산만하고 급하거나 성의 없는 태도로 상담자가 설명의 시점을 놓친 경우 • 상담의 목표와 관련지어 상담의 구조화가 진행될 때, 아동이 변하고 싶은 점이 없다고 하거나 잘 모르겠다고 하는 경우
상담의 적합성 및 효과성	• 상담의 기간에 비해 아동에게 큰 변화가 없을 때 • 아동의 변화 속도에 대해 보호자가 과잉 기대를 하거나 조급해하는 경우 • 상담 장면에서 약간의 변화가 있지만, 객관적 평가에서도 그 변화가 드러날까 염려되는 경우 • 아동의 변화에도 불구하고 남아 있는 문제에 대해 보호자가 걱정하고 불안해하는 경우

한편, 최해림(2002)은 상담자들이 흔히 겪는 윤리적 갈등 상황에서 상담자가 선택한 행동을 제시하고, 주어진 행동이 윤리적인지 비윤리적인지를 상담자들에게 강제로 답하게 한 후 그 결과를 제시하였다. 최해림이 제시한 25개의 상황에 대하여 상담자들은 6문제를 제외한 대부분의 문항에서 60% 이상의 일치율로 윤리적 혹은 비윤리적으로 주어진 상담자의 행동을 판단하는 데 동의하였다. 60% 이상의 응답자들이 판단에 동의한 19개의 문항에서 동의한 퍼센트를 구체적으로 보면 동의율은 61.3~89.9%였다.

위 연구의 결과는 상담에서의 윤리적 갈등 상황을 판단하고 이에 대해 대처하는 일이 간단한 일이 아님을 보여 준다. 89.9%의 상담자들이 비윤리적인 행동이라고 한 상황에서도 (예를 들어, 중학교 여학생을 상담 중인데, 학생 어머니가 딸에 대한 기록을 보여 달라고 해서 보여 주었다), 10%의 상담자는 그 행동에 대해 다르게 판단하였다. 이는 대부분의 윤리적 갈등 상황에서 상담자들이 상담자의 윤리적 행동을 판단하는 데 차이가 있음을 나타낸다. 이러한 연구 결과는 상담자가 윤리적 갈등 상황에 처해 있을 때 본인의 판단뿐만 아니라 수퍼바이저나 동료에게서 자문을 구하는 일이 그만큼 중요함을 나타낸다. 이 장에서는 상담자가 윤리적 갈등 상황에 처하였을 때 적절한 윤리적 의사결정의 방식과, 윤리적 기준 위반에 대한 대처 양식에 대하여 살펴볼 것이다.

1. 윤리적 의사결정

상담자들에게 윤리적 의사결정 기술이 필요한 상황을 크게 보면, 윤리적 가치가 충돌해 어떤 가치를 우선시하는 것이 좋은지에 대한 전문적 판단을 해야 하는 상황, 주어진 상황에 대한 학회의 윤리강령이 없어서 상담자가 판단을 내려야 하는 상황, 학회의 상담자 윤리강령과 상담자가 일하는 소속 기관의 규칙이 다른 경우 등을 들 수 있다(Knapp & VandeCreek, 2006). 상담자들이 윤리적 갈등 상황에서 윤리적인 의사결정과 행동을 하도록 돕기 위해 연구자들은 윤리적 의사결정 모델을 발달시켜 왔으며(Corey, Corey, & Callanan, 2007; Pope & Vasquez, 2007; Welfel, 2006), 여러 가지 의사결정 모델을 통합한 통합모델(Cottone & Tarvydas, 2007)도 발표되었다. 의사결정의 모델들에 나타난 윤리적 의사결정의 과정에서 고려해야 될 요소와 그 절차는 대체로 유사한데, 여기에서는 Welfel(2006)의 의사결정 모델을 참고로 하여 윤리적 의사결정 과정에 대해 알아볼 것이다. Welfel은 의사결정의 과정을 10단계로 세분화하여 상담자의 윤리적 의사결정 모델을 제시하였다([그림 1]).

1단계 윤리적 민감성 키우기

⇩

2단계 사례와 관련된 정확한 사실과 사회문화적 맥락 파악하기

⇩

3단계 핵심적인 쟁점과 가능한 대안 확인하기

⇩

4단계 관련된 윤리적 기준이나 법/규정 찾아보기

⇩

5단계 전문가 윤리 관련 문헌 확인하기

⇩

6단계 윤리적 원칙을 주어진 상황에 적용해 보기

⇩

7단계 수퍼바이저나 관련 전문가에게 자문 구하기

⇩

8단계 깊이 생각하고 결정하기

⇩

9단계 수퍼바이저에게 알리고, 행동을 취하고 기록으로 남기기

⇩

10단계 경험에 대해 반성(reflection)하기

[그림 1] 윤리적 의사결정 모델(Welfel, 2006, p. 22)

앞의 모델은 상담자가 윤리적 갈등 상황에서 의사결정을 내리고 행동을 취하기 이전과 이후에 어떤 절차를 거치는 것이 도움이 되는지를 잘 보여 준다. 첫 번째 단계인 윤리적 민감성 키우기는 주어진 상황에 관련된 윤리적인 쟁점이 있는지를 상담자가 민감하게 알아차리는 것이 윤리적 의사결정을 하는 데 가장 기본이 된다는 것이다. 많은 경우 상담자가 주관적으로 느끼는 불편감은 윤리적 쟁점이 개입되어 있음을 알리는 첫 번째 신호가 된다.

예를 들어, 청소년 내담자가 가출을 하려는 계획을 상담자에게 얘기하거나, 임신 사실을 상담자에게 알리면서 보호자에게 알리지 말아 줄 것을 부탁했다고 하자. 이때 상담자는 내담자의 보호자가 이 사실을 알고 적절하게 대처하는 것이 내담자를 위한 최선의 방법이라고 생각하고 보호자에게 그 사실을 알릴 수 있다. 혹은 다른 상담자는 내담자가 보호자에게 알리지 말아 달라고 한 부탁에 따라 보호자에게 알리지 않고 비밀을 지킬 것이다. 그런데 윤리적으로 민감한 상담자는 이 상황에서 당연하게 보호자에게 그 사실을 알리거나 당연히 비밀보장을 지키기 전에, 이 상황이 윤리적으로 다양한 쟁점들이 관련되어 있는 상황임을 알아차리고 주어진 쟁점과 관련된 정확한 사실들과 사회문화적 배경들을 파악하려고 할 것이다.

모델의 3단계에서 7단계까지는 주어진 상황과 관련된 윤리적, 법적 기준들을 확인하고 이러한 기준들을 주어진 상황에 적용해 보며, 상담자가 행동 가능한 대안들을 설정해 보고 필요하다면 수퍼바이저나 관련 전문가에게 자문을 구하는 단계다. 상담자는 윤리 기준을 확인하고, 이전에 있었던 이와 비슷한 상황에서 상담자가 취해야 할 적절한 행동에 대해 기술된 문헌들을 찾아보고 기존의 문헌들에서 도움을 받을 수도 있다. 상담자는 본인이 취할 수 있는 행동 대안들을 생각해 보고 각각의 대안들을 택했을 때 충족되는 윤리 기준은 무엇이고 타협되어야 하는 기준들은 무엇인지, 어떤 윤리 기준들이 더 중요하게 고려되어야 하는지에 대한 결정을 내린다.

위의 청소년 내담자의 예에서 상담자가 청소년의 가출 계획을 부모에게 알리는 경우 내담자의 자율성과 상담자에 대한 내담자의 신의가 훼손되어 상담 관계에 부정적인 영향을 줄 수 있지만, 부모가 적절한 후속 조처를 한다면 내담자가 가출함으로써 처하게 될 잠정적인 해를 줄일 수 있다. 반면에 상담자가 내담자의 가출 계획을 보호자에게 알리지 않는다면 내담자의 자율성과 상담자에 대한 신의가 지켜지는 반면, 가출과 무단결석, 가출 이후의 예측할 수 없는 상황으로 내담자가 해를 입게 될 수도 있다.

Pope와 Vasquez(2007)는 이 과정에서 상담자의 결정에 따라 영향을 받게 될 사람이 누구인지, 대안들에 따라 관련자들에게 어떤 영향이 갈 것인지, 그리고 누가 내담자인지를 분명히 파악해야 한다고 보았다. 상담자가 궁극적으로 도와주어야 할 내담자가 누구인지를 분명하게 함에 따라 결정의 방향이 달라질 수 있다. 윤리적 의사결정에서 영향을 받게 될 다른 사람들을 고려한다는 것은, 일견 비슷하게 보이는 상황이라도 내담자의 연령, 부모의 양육 방식, 내담자의 행동 방식 및 문제 해결 능력, 또래 관계 등에 따라 상담자가 다른 결정을 내릴 수 있음을 뜻한다.

8단계와 9단계는 상담자가 독립적으로 결정을 내린 후, 결정된 사항을 행동으로 옮기고 그 결정의 근거와 행동에 대해 기록으로 남겨 두는 단계다. 상담자가 그 이전 단계에서 자료를 참조하고 수퍼바이저나 동료에게 자문을 구한다고 하더라도, 결국 모든 것을 종합한 최종 결정은 상담자가 내리게 된다. 상담자의 윤리적 행동에서 상담자의 인격적 성장을 중요하게 여기는 Pope와 Vasquez(2007)는, 상담자가 최종적인 의사결정을 하기 전에 상담자 자신의 감정을 관찰하고, 상담자의 감정이나 개인적인 선입견 혹은 이해 관계가 의사결정에 어떻게 영향을 미치는지를 고려해야 한다고 하였다. 상담자가 특정한 누구를 기쁘게 하려고 노력한다거나, 내담자에게 화가 나 있다거나, 혹은 윤리적 행동을 하는 것이 상담자의 시간을 빼앗고 다른 전문가와의 관계에 영향을 주게 된다면 이런 모든 요소들은 상담자의 의사결정에 영향을 미칠 것이다.

상담자가 결정을 내리고 실행에 옮긴 후에는 결정에 따르는 책임을 상담자가 지게 된다. 상담자는 윤리적 의사결정의 과정 및 절차가 적절했는지, 부족한 부분은 없었는지, 만약 다음에 비슷한 상황이 생기면 어떻게 대처할 것인지, 다음 상담에서 무언가 다르게 접근해야 한다면 어떤 부분을 다르게 할 것인지 등에 대해 생각해 볼 수 있다.

윤리적 의사결정의 전 과정에서 Cottone과 Tarvydas(2007)는 상담자가 다음의 태도를 유지할 필요가 있다고 하였다. 상담자에게 중요한 태도에는 첫째, 자신의 가치나 개인적 문제, 상황에 관련된 다른 사람들의 입장 등에 대해 이해하려고 하는 반성적 태도(stance of reflection), 둘째, 상황과 관련된 다양한 쟁점들, 사람들, 관점들 간의 균형을 유지하려는 태도, 셋째, 주어진 상황의 사회문화적 맥락에 대한 관심, 넷째, 결정에 관여된 다양한 집단들, 특히 내담자와의 협조적 관계를 맺는 것 등이 포함된다. 어떤 행동이 윤리적 행동인지에 대한 판단과 특정 행동의 결과가 해석되고 받아들여지는 방식은 그 행동이 일어난 사회문화적 맥락과 관련된다. 따라서 상담자가 의사결정 과정이나 의사결정의 결과, 자신의 행동에 대하여 반성적 태도를 유지할 때, 상담자가 덜 편파적인 결정을 하는 데 도움이 된다.

2. 윤리적 위반에 대한 대처

상담자는 본인이 윤리강령을 숙지하고 이에 따르는 것뿐만 아니라, 전반적으로 윤리강령이 지켜지는 것을 도울 윤리적 책임이 있다. 따라서 다른 사람이 윤리강령을 위반하는 것을 알게 되었을 때 당사자가 윤리적 행동을 하도록 도와주어야 한다. 상담전문가들이 전문적 활동을 하는 과정에서 비윤리적인 행동을 했을 때 이에 대한 징계가 관련 학회에서 이루어질 수 있다. 흔히 상담전문가의 비윤리적인 행동에 대해 내담자나 주변의 동료가 이를 알아차리고, 비윤리적 행동에 대한 처리를 관련 학회의 윤리위원회에 요청함으로써 징계가 이루어진다.

한국상담심리학회(2005a)는 상담자가 윤리규정을 위반하였을 때 학회의 윤리위원회에 그 행동에 대한 처리를 요청하기 전에, 비윤리적 행동을 인지한 상담자가 다른 동료나 수퍼바이저, 윤리위원회의 자문을 구해 비공식적인 해결을 먼저 시도해 볼 것을 권고하고 있다. 한국학교상담학회(2004)의 윤리규정에서도 상담자는 동료의 비윤리적 행동이 있을 때, 이를 동료 상담자와의 자문을 통해 먼저 당사자에게 직접 얘기해서 해결책을 찾기를 권고한다. 비공식적인 시도에도 불구하고 비윤리적인 행동이 고쳐지지 않을 때 관련자들은 이를 윤리위원회에서 해결해 주도록 위임하게 된다. 윤리강령의 위반과 관련한 학회의 윤리규정은 〈표 4-2〉와 같다.

〈표 4-2〉 윤리강령의 위반과 관련한 학회 윤리규정

한국상담심리학회(2005a)
8. 윤리문제 해결 나. 위반 (1) 상담심리사가 윤리적으로 행동하는지에 의구심을 유발하는 근거가 있을 때, 윤리위원회는 적절한 조치를 취할 수 있다. (2) 특정 상황이나 조치가 윤리강령에 위반되는지 불분명한 경우, 상담심리사는 윤리강령에 대한 지식이 있는 다른 상담심리 권위자 및 윤리위원회의 자문을 구한다.

(3) 소속 기관 및 단체와 본 윤리강령 간에 갈등이 있을 경우, 상담심리사는 갈등의 본질을 명확히 하고, 소속 기관 및 단체에 윤리강령을 알려서 이를 준수하는 방향으로 해결책을 찾도록 한다.
(4) 다른 상담심리사의 윤리 위반에 대해 비공식적인 해결이 가장 적절한 개입으로 여겨질 경우에는, 당사자에게 보고하여 해결하려는 시도를 한다.
(5) 명백한 윤리강령 위반이 비공식적인 방법으로 해결되지 않거나, 그 방법이 부적절하다면 윤리위원회에 위임한다.

한국학교상담학회(2004)

7. 기준 유지

(1) 상담자는 윤리 위반 상황인지 확인해 보기 위하여 불만 상황의 본질을 비밀스럽게 동료 전문상담자와 협의한다.
(2) 가능하다면, 상담자는 문제 행동을 하는 당사자인 동료와 불만스러운 문제에 대해 논의하고 해결하기 위하여 그 동료에게 직접 이야기하고 해결책을 찾아본다.
(3) 개인적인 수준에서 해결책이 도출될 수 없다면, 상담자는 학교나 학구, 전국 학교상담자학회의 윤리위원회에서 설정한 루트를 이용한다.
(4) 만약 문제가 해결되지 않은 상태로 그대로 남아 있다면 지역 학교상담학회, 전국 학교상담학회의 순으로 검토와 적절한 조치를 취하도록 의뢰한다.

상담관련 학회에서는 보통 그 산하에 윤리위원회를 두고 있다. 윤리위원회는 학회 구성원이나 기관 회원의 비윤리적 행동에 대해 제소가 들어오면 제소된 사례에 대해 비윤리적 행동을 평가하고 필요하다면 이에 대한 징계를 담당한다. 한국상담학회(2007)와 한국상담심리학회(2005a)의 관련 규정에는 상담자가 윤리적 위반을 했을 때 상담자에 대한 징계 경고, 견책, 자격정지 및 자격박탈의 순으로 규정하고 있다. 경고의 경우 상담자는 관련인에게 사과할 것이 요청되고, 견책의 경우 상담자는 일정 기간의 개인상담을 받을 의무가 주어진다. 자격정지 처분을 받은 경우는 일정 기간 동안 상담자로서의 자격이 박탈되어 상담자가 상담 활동을 할 수 없게 되며, 자격 영구 박탈의 경우는 상담자의 자격이 평생 박탈되어 더 이상 전문가로서 활동할 수 없게 된다.

주로 학회의 윤리위원회를 통해 상담자의 비윤리적 행동에 대한 징계가 이루어지는 우리나라와는 달리, 미국에서는 학회의 윤리위원회, 각 주의 면허위원회(state licensing boards), 민사재판, 형사 재판을 통해 상담자의 비윤리적 행동에 대한 징계가 이루어진다. 특히 미국은 상담자 면허 제도가 실시되고 있으므로 상담자의 비윤리적 행동에 대해 상담 면허에 대한 징계가 이루어진다.

우리나라에서는 한국상담학회와 한국상담심리학회의 윤리위원회에서 상담자의 어떤 행동에 대한 제소가 많은지 아직 발표된 것이 없다. 상담자 윤리규정의 위반에 대한 미국의 통계를 보면, 1983~2005년의 23년간 면허위원회에서 징계된 경우를 분석한 결과, 징계 대상이 되는 행동의 빈도는 내담자와의 성적 관계를 포함하는 이중 관계, 비전문적인 상담, 범죄에의 개입, 사기, 부적절한 기록, 보수교육을 제대로 받지 않은 것, 비밀보장의 위반, 상담자의 손상, 면허를 따는 과정에서의 사기의 순으로 나타났다(DeMers, 2005; Pope & Vasquez, 2007에서 재인용).

Neukrug, Milliken과 Walden(2001)이 미국 내 34개 주의 면허위원회를 대상으로 면허위원회에 올라온 윤리적 위반 사항을 조사한 자료에 따르면, 1998년 1년간 조사가 의뢰된 윤리문제에 대한 불평 사례는 2,325개였으며, 불평의 대상이 된 문제들은 부적절한 이중 관계(24%), 상담 관계에서 능력의 부족(17%), 면허가 없거나 부적절한 자격으로 상담한 경우(8%), 내담자와의 성적 관계(7%), 비밀보장의 위반(5%)의 순이었다. 이 조사에서는 각 주의 윤리위원회에 제소된 사례들 중 10%만이 공식적인 조사의 대상이 되는 것으로 나타났다. 이 두 자료에서 모두 부적절한 이중 관계와 상담자 능력의 부족이 면허위원회에서 처리되는 가장 빈번한 문제로 나타났다.

3. 맺는말

학회 윤리위원회의 역할은 윤리적 위반에 대해 판결하고, 시대의 변화에 따라 요청되는 새로운 윤리 기준들을 윤리규정에 반영하고, 윤리적 갈등 상황에 대한 자문을 제공하고, 윤리규정에 대해 회원들의 관심을 촉구하고 윤리규정을 교육하는 것 등이다. 특히 윤리적 갈등 상황에 대해 자문을 구할 때 중요한 일은 주어진 상황과 관련되는 윤리적, 법적, 임상적 문제를 규정하고 각각의 문제에 대해 최선의 방법을 찾는 것이다. Behnke (2007)는 많은 윤리적 갈등 상황들이 법적 문제와 관련되어 있으며, 윤리위원회에서는 윤리적 임상적 쟁점들에 대해 자문을 해 주지만, 윤리위원회의 심리학자들이 법 전문가는 아니므로 법적 문제가 개입되었을 때에 법 전문가에게 의뢰해 주는 것도 윤리위원회의 역할 중 하나라고 하였다. 윤리적 갈등 상황의 해결에서 중요하게 고려해야 하는 다른 문제는 임상적 쟁점들이다. 상담자가 무엇을 더 중요하게 고려해야 하는지를 결정할 때, 임상적인 면에서 잠정적인 결정이 내담자에게 미치는 영향을 반드시 생각해 보고 이를 고려한 결정을 내려야 한다.

우리나라의 경우는 상담과 관련한 각 전문가 학회마다 윤리위원회가 구성되어 있고 학회별 윤리규정이 만들어져 있지만 이를 학회원들에게 교육하고 학회원들이 윤리규정을 지키는데 관심을 갖도록 하는 면에서는 아직 초보적인 수준에 머물러 있다. 학회의 구성원들이 윤리규정을 인식하고 이를 지키도록 하기 위해서 학회 수준에서의 다양한 노력들이 필요하다. 대학의 상담전공 프로그램에서 윤리 과목을 필수 과목으로 포함시키도록 하거나, 상담자 자격의 보수교육에서 윤리교육을 하는 등의 노력들이 공식적으로 이루어질 수 있을 것이다. 미국심리학회처럼 윤리규정을 소책자로 만들어 원하는 학회원들에게 무료로 배부하는 것도 학회원들이 윤리규정에 손쉽게 접하도록 하는 한 가지 방법이다. 좀 더 적극적으로 상담자가 윤리적 갈등에 처했을 때 자문을 구할 수 있는 공식적인 통로를 만들고 많은 사람들에게 이런 통로를 알려 주려는 노력을 하는 것이 중요하다. 현재도 상담관련 학회의 윤리위원장들은 윤리적 갈등 상황에 대한 자문을 하고 있지만, 이 통로는 아주 소수의 사람들에게 알려져 있고 자문의 횟수도 아직 많지 않다.

미국심리학회의 2007년 연차대회에서 지역의 윤리위원회 소속 상담자들이 학회의 윤리위원회에 원하는 것은 다음과 같았다. 지역에서 윤리 관련 워크숍을 실시할 때 사용할 수 있는 자료–특히 비밀보장이나 다중 관계와 관련된 자료들–의 개발 및 보급, 윤리적 갈등과 관련한 특징적인 사례들의 소개 및 적절한 반응들의 소개 등이 그것이다. 미국심리학회의 윤리위원회는 윤리적 위반을 평가하고 징계하는 것에서 학회원에게 윤리규정과 윤리적 갈등의 해결에 대해 교육하는 것으로 기본적인 역할을 옮겨 가고 있었다. 미국심리학회의 윤리위원장은 미국 전역을 돌며 상담자 윤리 관련 워크숍이 요청될 때 이를 제공하는 역할을 하고 있다.

우리나라에서는 2000년대에 들어서면서 다양한 상담관련 전문가 학회에서 상담 윤리강령을 발표하고, 학회에 상담 윤리위원회를 두어 학회원을 교육하고 윤리강령의 위반에 대한 징계를 담당하도록 하고 있다. 그런데 아직은 학회의 윤리강령을 공식적으로 교육하는 정도가 많지 않고, 학회원들도 본인이 소속한 학회의 윤리규정에 대해 모르고 있는 경우가 많다. 상담자 교육에서 윤리의 강조 및 학회 구성원들이 윤리규정을 지키도록 하는 예방적 교육, 윤리규정을 위반한 경우 징계 절차와 방법 등에서 앞으로 더 발전해야 하는 과제들이 남아 있다. 상담자 윤리의 발전에서 학회 윤리위원회의 보다 적극적인 활동과 전체 학회 수준에서 이에 대한 지원이 요청된다.

|참고문헌|

가족상담학회(2007). 가족상담학회 윤리강령. 서울: 저자.

강진령, 이종연, 유형근, 손현동(2007). 학교상담자 윤리 교육 및 인지 실태 분석. 상담학 연구, 8(2), 751-768.

김창대, 유성경, 김형수, 최한나 역(2006). 상담 및 조력전문가를 위한 수퍼비전의 실제. 서울: 시그마프레스. (Hayness, R., Corey, G., & Moulton, P. (2003). *Clinical supervision in the helping professions: A practical guide* (1st ed.). Pacific Grove, CA: Brooks/Cole.)

아동청소년상담학회(2003). 아동청소년상담학회 윤리강령. 서울: 저자.

유재령(2006). 아동상담자의 윤리적 신념 척도 개발 연구. 놀이치료연구, 9(1), 67-90.

유재령, 김광웅(2006a). 내용분석을 통한 아동상담자의 주요 윤리적 딜레마 상황과 대처 행위. 아동학회지, 27(2), 127-151.

유재령, 김광웅(2006b). 아동상담자의 윤리적 실천행동 척도 개발. 한국심리학회지: 상담 및 심리치료, 18(2), 373-398.

이상로(1992). 상담윤리. 이형득(편저). 상담이론(pp. 91-122). 서울: 교육과학사.

이숙영, 김창대(2002). 상담 전공 대학원 교육과정 표준화 연구. 교육학연구, 40(2), 231-250.

최해림(2002). 한국 상담자의 상담윤리에 대한 기초 연구. 한국심리학회지: 상담 및 심리치료, 14(4), 805-828.

한국상담심리학회(2005a). 상담심리사 자격규정. Http://www.krcpa.or.kr/intro/intro05_01.php

한국상담심리학회(2005b). 상담심리사 자격증 소개. Http://www.krcpa.or.kr/

qualification/qualification01.php

한국상담학회(2002). 한국상담학회 윤리강령. Http://counselors.or.kr:8080?index.html

한국상담학회(2007). 한국상담학회 전문상담사 자격규정. Http://counselors.or.kr:8080?index.html

한국집단상담학회(1989). 한국집단상담학회 윤리강령. 서울: 저자.

한국청소년상담원(2007). 청소년상담사 자격소개. Http://www. youthcounselor.or.kr/guid

한국학교상담학회(2004). 한국학교상담학회 윤리강령. 서울: 저자.

황순길, 이창호, 안희정, 조은경(2000). 청소년 상담사 자격검정 실시에 관한 연구. 서울: 한국청소년상담원.

Allen, J. (2007). A multicultural assessment supervision model to guide research and practice. *Professional Psychology: Research and Practice, 38*(3), 248-258.

American Association for Marriage and Family Therapy (2001). *AAMFT code of ethics.* Washington, DC: Author.

American Counseling Association (2005). *Code of ethics and standards of practice.* Alexandria, VA: Author.

American Psychological Association (2002). Ethical principles of psychologists and code of conduct. *American Psychologist, 57,* 1060-1073.

American Psychological Association (2003a). Guidelines on multicultural education, training, research, practice, and organizational change for psychologists. *American Psychologist, 58*(5), 377-402.

American Psychological Association (2003b). Report of the ethics committee, 2002. *American Psychologist, 58*(8), 650-657.

American Psychological Association (2006). Report of the ethics committee, 2005. *American Psychologist, 61*(5), 522-529.

American School Counselor Association (2004). *Ethical standards for school counselors.* Alexandria, VA: Author.

Arredondo, P., & Perez, P. (2006). Historical perspectives on the multicultural guidelines and contemporary applications. *Professional Psychology: Research and Practice, 37*(1), 1-5.

Arredondo, P., Toporek, R., Brown, S., Jones, J., Locke, D. C., Sanchez, J., & Stadler, H. (1996). Operationalization of the multicultural counseling competencies. *Journal of Multicultural Counseling and Development, 24,* 42-78.

Association for Specialists in Group Work (2007a). What every counselor must know about groups: Core training for group workers. Retrieved October 8, 2007, from http://www.asgw.org

Association for Specialists in Group Work (2007b). ASGW best practice guidelines. Retrieved October 8, 2007, from http://www.asgw.org

Barnett, J. E., Wise, E. H., Johnson-Greene, D., & Bucky, S. F. (2007). Informed consent: Too much of a good thing or not enough? *Professional Psychology: Research and Practice, 38,* 179-186.

Behnke, S. (2007). The work of the APA ethics office: Frequent calls we receive. *Monitor on Psychology, 38*(8), 56-57.

Benitez, B. R. (2004). Confidentiality and its exceptions. *The Therapist, 16,* 32-36.

Borys, D. S., & Pope, K. S. (1989). Dual relationship between therapist and client: A national study of psychologists, psychiatrists, and social workers. *Professional Psychology: Research and Practice, 20,* 283-293.

Brabender, V. (2007). The ethical group psychotherapist: *A coda. International Journal of Group Psychotherapy, 57*(1), 41-47.

Brown, D., Pryzwansky, W. B., & Schulte, A. C. (2006). *Psychological consultation and collaboration: Introduction to theory and practice* (6th ed.). Boston, MA: Allyn & Bacon.

Burkemper, E. M. (2002). Family therapists' ethical decision-making processes in two duty-to-warn situations. *Journal of Marital and Family Therapy, 28*(2), 203-211.

Corey, G., Corey, M. S., & Callanan, P. (2007). *Issues and ethics in the helping professions* (7th ed.). Belmont, CA: Thomson Brooks/Cole

Cottone, R. R., & Tarvydas, V. M. (2007). *Counseling ethics and decision making* (3rd ed.). Upper Saddle River, NJ: Pearson Education.

Council for Accreditation of Counseling and Related Educational Programs (2001). The 2001 Standards. Retrieved October 30, 2007, from http://www.cacrep.org/2001standards.html

Davis, T., & Ritchie, M. (1993). Confidentiality and the school counselor: A challenge for the 1990s. *The School Counselor, 41,* 23-29.

DeMers, S. T. (2005). *Actions reported to the ASPPB Disciplinary Data System by member boards.* Author; Personal correspondence.

Falender, C. A., Cornish, J. A. E., Goodyear, R., Hatcher, R., Kaslow, N., J., & Leventhal, G., et al. (2004). Defining competencies in psychology supervision: *A consensus statement. Journal of Clinical Psychology, 60,* 771-787.

Falender, C. A., & Shafranske, E. P. (2007). Competence in competency-based supervision practice: Construct and application. *Professional Psychology: Research and Practice, 38*(3), 232-240.

Fallon, A. (2006). Informed consent in the practice of group psychotherapy. *International Journal of Group Psychotherapy, 56*(4), 431-453.

Forrest, L., Elman, N., Gizara, S., & Vacha-Haase, T. (1999). Trainee impairment: A review of identification, remediation, dismissal, and legal issues. *The Counseling Psychologist, 27*(5), 627-686.

Fouad, N. A., & Arredondo, P. A. (2007). *Becoming culturally oriented: Practical advice for psychologists and educators.* Washington, DC: American Psychological Association.

Frankel, A. S. (2000). Watch out for the third man death. *Board of Psychology Update, 8,* 2-3.

Geelhoed, R. J., Phillips, J. C., Fischer, A. R., Shpungin, E., & Gong, Y. (2007). Authorship decision waking: An empirical investigation. *Ethics & Behavior, 17,* 95-115.

Gong, Y. (2003). Ethical issues in the counseling profession in Korea: The issue of counselor competence. *Asian Journal of Counseling, 10*(1), 51-70.

Gottlieb, M. C., Robinson, K., & Younggren, J. N. (2007). Multiple relations in supervision: Guidelines for administrators, supervisors, and students. *Professional Psychology: Research and Practice, 38*(3), 241-247.

Gutheil, T. G., & Gabbard, G. O. (1993). The concept of boundaries in clinical practice: Theoretical and risk-management dimensions. *American Journal of Psychiatry, 150,* 188-196.

Isaacs, M. L., & Stone, C. B. (1999). School counselors and confidentiality: Factors affecting professional choices. *Professional School Counseling, 2,* 258-266.

Jacobs, E. E., Masson, R. L., & Harvill, R. L. (2002). *Group Counseling: Strategies and Skills* (4th ed.). Belmont, CA: Thomson Learning.

Jacob, S., & Hartshorne, T. S. (2007). *Ethics and law for school psychologists* (5th ed.). Hoboken, NJ: Wiley & Sons.

Jensen, J. P., & Bergin, A. E. (1988). Mental health values of professional therapists: A national interdisciplinary study. *Professional Psychology: Research and Practice, 19,* 290-297.

Johnson, W. B. (2007). Transformational supervision: When supervisors mentor. *Professional Psychology: Research and Practice, 38*(3), 259-267.

Kaslow, N. J., Celano, M. P., & Stanton, M. (2005). Training in family psychology; A competencies-based approach. *Family Process, 44,*

337-353.

Keith-Spiegel, P., & Koocher, G. P. (1998). *Ethics in psychology: Professional standards and cases* (2nd ed.). New York: Oxford.

Kleist, D. M., & White, L. J. (1997). The values of counseling: A disparity between a philosophy of prevention in counseling and counselor practice and training. *Counseling and Values, 41,* 128-140.

Knapp, S. J., & VandeCreek, L. D. (2006). *Practical ethics for psychologists: A positive approach.* Washington, DC: American Psychological Association.

Lakin, M. (1994). Morality in group and family therapies: Multiperson therapies and the 1992 ethics code. *Professional Psychology: Research and Practice, 25,* 344-348.

Langer, E. J., & Abelson, R. P. (1974). A patient by any other name... : Clinician group differences and labeling bias. *Journal of Consulting and Clinical Psychology, 42,* 4-9.

Lasky, G. B., & Riva, M. T. (2006). Confidentiality and privileged communication in group psychotherapy. *International Journal of Group Psychotherapy, 56*(4), 455-476.

Magnuson, S., Wilcoxin, S. A., & Norem, K. (2000). A profile of lousy supervisors: Experienced counselors' perspectives. *Counselor Education and Supervision, 39,* 189-202.

Meara, N. M., Schmidt, L. D., & Day, J. D. (1996). Principles and virtues: A foundation for ethical decisions, policies and character. *Counseling Psychologist, 24,* 4-77.

Murphy, M. J., Campbell, L., Behnke, S. H., Barnett, J. E., & Ranney, M. (2007). *From adjudication to education: Emerging roles for psychological association ethics committee.* A Symposium presented at the 115th American Psychological Association annual convention. CA: San Francisco.

National Association of School Psychologists (2000). Principles for professional ethics. Guidelines for the provision of school psychological services. *Professional conduct manual* (pp. 13-62). Bethesda, MD: Author. Available from http://www.naspweb.org.

Neukrug, E., Milliken, T., & Walden, S. (2001). Ethical complaints made against credentialed counselors: An updated survey of state licensing boards. *Counselor Education and Supervision, 41*(1), 57-70.

Norris, D. M., Gutheil, T. G., & Strasburger, L. H. (2003). This couldn't happen to me: Boundary problems and sexual misconduct in the psychotherapy relationship. *Psychiatric Services, 544,* 517-522.

Pack-Brown, S. P., & Williams, C. B. (2003). *Ethics in a multicultural context.* Thousand Oaks, CA: Sage.

Pope, K. S., & Vasquez, M. J. T. (2007). *Ethics in psychotherapy and counseling: A practical guide* (3rd ed.). San Francisco, CA: Jossey-Bass.

Pope, K. S., & Vetter, V. A. (1991). Prior therapist-patient sexual involvement among patients seen by psychologists. *Psychotherapy, 28,* 429-438.

Pope, K. S., & Vetter, V. A. (1992). Ethical dilemmas encountered by members of the American Psychological Association: A national survey. *American Psychologist, 47,* 397-411.

Pope, K. S., Tabachnick, B. G., & Keith-Spiegel, P. (1987). Ethics of practice: The beliefs and behaviors of psychologists as therapists. *American Psychologist, 42,* 993-1006.

Reddy, M., Borum, R., Berglund, J., Vossekuil, B., Fein, R., & Modzeleski, W. (2001). Evaluating risk for targeted violence in schools: Comparing risk assessment, threat assessment, and other approaches. *Psychology in the Schools, 38,* 157-172.

Sciarra, D. T. (2004). *School counseling: Foundations and contemporary issues.* Belmont, CA: Brooks/Cole.

Sonne, J. L. (2005). *Nonsexual multiple relationships: A practical decision making model for clinicians.* Available at http://kspope.com.

Sue, D. W., & Sue, D. (2003). *Counseling the culturally diverse: Theory and practice* (4th ed.). New York: Wiley.

Tabachnick, B. G., Keith-Spiegel, P., & Pope, K. S. (1991). Ethics of teaching: Beliefs and behaviors of psychologists as educators. *American Psychologist, 46,* 506-515.

Taylor, L., & Adelman, H. S. (1989). Reframing the confidentiality dilemma to work in children's best interests. *Professional Psychology: Research and Practice, 20,* 79-83.

Tomas, J. (2007). Informed consent through contracting for supervision: Minimizing risks, enhancing benefits. *Professional Psychology: Research and Practice, 38*(3), 221-231.

Vacha-Haase, T., Davenport, D. S., & Kerewsky, S. D. (2004). Problematic students: Gatekeeping practices of academic professional psychology programs. *Professional Psychology: Research and Practice, 35* (2), 115-122.

Wagner, M. K., Dodds, A., & Bundy, M. B. (1994). Psychology of scientist: LXVII. Assignment of authorship credit in psychological research. *Psychological Reports, 74,* 179-187.

Welfel, E. R. (2006). *Ethics in counseling and psychotherapy: Standards, research, and emerging issues* (3rd ed.). Belmont, CA: Thomson Brooks/Cole.

Woody, R. H., Behnke, S. H., & DeMers, S. T. (2007). *Psychology regulation: Getting it right with ethics, licensing, laws.* A Symposium presented at the 115th American Psychological Association annual convention. CA: San Francisco.

Worthington, R. L., Tan, J. A., & Poulin, K. (2002). Ethically questionable behaviors among supervisees: An exploratory investigation. *Ethics & Behavior, 12*(4), 323-351.

Wrenn, C. G. (1985). Afterward: The culturally encapsulated counselor revisited. In P. Pedersen (Ed.), *Handbook of cross-cultural counseling and therapy* (pp. 323-329). Westport, CT: Greenwood Press.

Wright, J., Corey, S., & Corey, G. (1989). Challenges facing human services education today. *Journal of Counseling and Human Service Professions, 3*(2), 3-11.

|찾아보기|

인명

내용

저자 소개

공윤정

- 학력: 서울대학교 생물교육학과(이학사)
  서울대학교 대학원 교육학과(석사)
  미국 Purdue University 상담심리학(Ph.D.)
- 경력: 서울대학교 경력개발센터 전문위원
- 현재 경인교육대학교 교육학과 교수
- 연구: 'Ethical issues in the counseling profession in Korea: The issue of counselor competence' 등 상담자 윤리 관련 논문과 '교육대학교의 잠재적 부적응 집단에 관한 연구: 사회인지 진로이론의 적용' 등 진로발달 관련 논문 다수

상담학 Best Practice 시리즈－상담자 전문성개발 영역 2
상담자 윤리

2008년 6월 25일 1판 1쇄 인쇄
2008년 6월 30일 1판 1쇄 발행

지은이 • 공윤정
펴낸이 • 김진환
펴낸곳 • 학지사
121-837 서울특별시 마포구 서교동 352-29 마인드월드빌딩 5층
대표전화 • 02)326-1500 / 팩스 02)324-2345
홈페이지 • http://www.hakjisa.co.kr
등　록 • 1992년 2월 19일 제2-1329호

ISBN 978-89-5891-713-7 93180

정가 10,000원